Gewinne sind kein Geheimnis

Worauf kommt es heute im Geschäftsleben wirklich an? Der Turnaround-Spezialist und Unternehmer Gary Sutton zeigt, wie man auch in den neunziger Jahren noch Gewinne und Wachstum erzielen kann. Und: wie man Kosten radikal senkt. Kapitel wie »Simpel investieren«, »Auf Warnzeichen achten« oder »Billiger einkaufen« erzählen die Geschichte von Unternehmen, die fast gescheitert wären, weil sie verschwenderisch und arrogant waren und sich nicht auf das konzentrierten, was sie wirklich konnten. Gary Sutton zeigt genau, welche Fehler gemacht wurden und wie diese Unternehmen dann die Rückkehr in die schwarzen Zahlen schafften.

Gary Sutton hat bereits mehrere Turnarounds und Unternehmensgründungen gemanagt. Er brachte unter anderem einen Spielzeughersteller wieder auf Trab, eine Müllabfuhrfirma, ein Einkaufszentrum, einen Lieferanten von Alarmanlagen und einen Flugzeughersteller.

Gary Sutton
mit Brian Tarcy

Gewinne sind kein Geheimnis

Der schnurgerade Weg zu schwarzen Zahlen

Aus dem Englischen von Hartmut Rastalsky

Campus Verlag
Frankfurt/New York

Die Deutsche Bibliothek – CIP-Einheitsaufnahme

Sutton, Gary:
Gewinne sind kein Geheimnis : der schnurgerade Weg zu schwarzen Zahlen / Gary Sutton mit Brian Tarcy. Aus dem Engl. von Hartmut Rastalsky. – Frankfurt/Main ; New York ; Campus Verlag, 1996
Einheitssacht.: Tight ships don't sink <dt.>
ISBN 3-593-35539-6
NE: Tarcy, Brian:

Umschlaggestaltung: Atelier Warminski, Büdingen
Satz: Leingärtner, Nabburg
Druck und Bindung: Friedrich Pustet, Regensburg
Gedruckt auf säurefreiem und chlorfrei gebleichtem Papier.
Printed in Germany

*Dieses Buch ist Kay und Gene gewidmet,
meinen außergewöhnlichen Eltern.*

Inhalt

Danksagung		9
Einführung		11
Kapitel 1	Verluste jetzt stoppen	15
Kapitel 2	Eine Flagge hissen	20
Kapitel 3	Spezialisierung bringt Gewinn	25
Kapitel 4	Machen, was sich verkauft	31
Kapitel 5	Kosten senken	35
Kapitel 6	Produktentwicklung dynamisieren	41
Kapitel 7	Mehr managen als führen	45
Kapitel 8	Den Kunden kennen	50
Kapitel 9	Billig einkaufen	54
Kapitel 10	Teuer verkaufen	58
Kapitel 11	Das Personal persönlich nehmen	63
Kapitel 12	Produktive Mitarbeiter suchen	67
Kapitel 13	Raffinierter interviewen	71
Kapitel 14	Ausbildung zählt nicht viel	75
Kapitel 15	Umgekehrt diskriminieren	79
Kapitel 16	Incentives verwenden	83
Kapitel 17	Das Schiff abdichten	87
Kapitel 18	Entlassungsrichtlinien bekanntmachen	92
Kapitel 19	Kompetenzen klar abgrenzen	97
Kapitel 20	Management durch Herumwandern	102
Kapitel 21	Schulden kontrollieren	105

Kapitel 22 Computerfallen vermeiden 108
Kapitel 23 Konferenzen produktiv gestalten. 113
Kapitel 24 Barrieren zwischen Mitarbeitern beseitigen . . 117
Kapitel 25 Sex ausschalten. 122
Kapitel 26 Kampf dem Alkoholmißbrauch 124
Kapitel 27 Schluß mit der Glücksspielerei 128
Kapitel 28 Gott zurück in die Kirche schicken. 132
Kapitel 29 Vorsicht bei Gutachten 136
Kapitel 30 Die Rechtsanwälte managen 141
Kapitel 31 Die Banker umwerben 145
Kapitel 32 Wirtschaftsprüferwissen besser nutzen 149
Kapitel 33 Versicherungen beschneiden 153
Kapitel 34 Gesetze vorsichtig brechen 157
Kapitel 35 Die Wende im Geschäft schaffen 161
Kapitel 36 Ausgefallenes Denken fördern 165
Kapitel 37 Den Cash-flow beobachten. 169
Kapitel 38 Verlangen Sie Aufrichtigkeit 172
Kapitel 39 Realistische Pläne schaffen 175
Kapitel 40 Wirksamer werben. 179
Kapitel 41 Kosten durch höhere Qualität senken 184
Kapitel 42 Mit einem Blatt Papier managen 189
Kapitel 43 Simpel investieren 192
Kapitel 44 Schneller verhandeln. 196
Kapitel 45 Die Pyramide abflachen 200
Kapitel 46 Auf Warnzeichen achten 203
Kapitel 47 Hartnäckiger verkaufen 207
Kapitel 48 Mehr Ethik, mehr Gewinn 211
Kapitel 49 Auf hoher Welle zum Traum 215

Register 221

Danksagung

Okay, okay, ich gebe es zu. Es gibt Tausende von Arbeitnehmern und Managern, die dieses Buch durch ihre Handlungen, Einsichten und Erfahrungen geschaffen haben. Ich habe nur beobachtet und alles aufgeschrieben.

Kunden halfen, vor allem, wenn sie kein Blatt vor den Mund nahmen. Ihre Beschwerden und ihre Kritik erwiesen sich als wertvoller als ihre Zahlungen. Brian Tarcy zeigte mir, wie man Leben in diese Geschichten bringt, indem man sie mit Einzelheiten würzt. Er ließ mich auch nicht zu ausschweifend werden und machte das Buch damit unterhaltsamer.

Michael Snell, unserem Agenten, fielen die positiven Rezensionen auf, die eine Taschenbuchfassung dieser Geschichten in den Medien auslöste. Leider landete diese Version mit dem Titel »Wasserdichte Schiffe sinken nicht« in den meisten Buchläden in der Sektion Reiseliteratur. Oje! Doch die starke Leserresonanz zeigte, daß dieses Buch zu einer gebundenen Ausgabe umformatiert werden sollte und lange aktuell bleiben könnte.

Ron Fry vom Verlag Career Press stimmte zu. Er schickte einen Scheck zum Erwerb der Rechte für die gebundene Ausgabe. Auf der Liste der am schnellsten wachsenden kleinen Verlage der USA war Career Press gerade zur Nummer 1 aufgestiegen. Ich hoffe, dieses Buch trägt bei Career Press wie auch beim Campus Verlag zum verlegerischen Erfolg bei.

Ich danke Ihnen allen.

Einführung

Wenn Sie ein notleidendes Unternehmen leiten, hoffe ich, daß wir uns nie begegnen. Denn ich kremple alles um. Wenn ich komme, gehen Sie, und die Firma erholt sich.

Unter meiner Leitung wurde ein lokaler Verlag zum größten des US-Westens, der langsamste Lieferant von PCs wurde zum schnellsten, einer der wichtigsten Missile-Hersteller der USA fing an, Teile zu liefern, die tatsächlich funktionierten, und ein gestrauchelter Lieferant von Alarmanlagen richtete sich wieder auf und verwandelte die ganze Branche.

Wir brachten einen Spielzeughersteller wieder auf Trab, eine Müllabfuhrfirma, ein Einkaufszentrum, einen Hochofenbauer, einen Flugzeughersteller und einen Kameraimporteur. Wir steigerten die Gewinne, die Kunden lächelten wieder und die Unternehmen zogen Investoren an. Jedes Mal erreichten wir das auf die gleiche Weise.

Das Verfahren ist unglaublich einfach. Die Resultate stellen sich so schnell ein, daß es wie Betrug aussieht. Dieses Buch habe ich geschrieben, um Ihnen zu zeigen, wie Sie es selber machen können. Sie werden es leicht lesbar finden. Jedes Kapitel ist eine kurze Geschichte, in der die Maßnahmen aufgeführt werden, die die Gewinne steigerten oder sogar aus Verlusten Gewinne machten. Jede Geschichte ist wahr, aber wir änderten einige Namen, um frühere Manager nicht in Verlegenheit zu bringen oder gar deren Rechtsanwälte auf den Plan zu rufen.

Kapitel 1 nimmt Knight Protective Industries unter die Lupe. Ich übernahm die Leitung dieses Unternehmens für Einbruchsalarmanlagen 1990. In den Jahren davor häufte es Verluste von 10 Millionen Dollar an, wurde von drei Grossisten gerichtlich verfolgt, seine Produkte galten als die schlechtesten der Branche, und Wirtschaftsprüfer weigerten sich, der Firma die Überlebensfähigkeit zu bescheinigen.

Mehr noch. Ein Direktor bekam eine Anklage der Staatsanwaltschaft an den Hals, die jährliche Personalfluktuation überschritt 380 Prozent, die beiden Versicherungen American General und Household Finance lehnten alle Kundenanträge ab, die Knight-Ausrüstungen betrafen, und Massenanbieter überrannten den Markt mit Preissenkungen um 50 Prozent. Knight hatte fast noch genug auf dem Konto, um sechs Monate die Gehälter zu zahlen, sofern nicht so unnötige Dinge wie Miete, Strom und Wasser bezahlt würden. So sah es aus, als Knight mich anheuerte.

Die ersten Gewinne stellten sich in meinem ersten Jahr ein. Bei der Neuausrichtung der Geschäftstätigkeit tauchten einige brauchbare Patente und Technologien auf. Die Fluktuationsrate fiel auf fünfzehn Prozent, die Gewinne überschritten zwei Millionen Dollar. Nach vier Jahren wurde Knight vom börsennotierten Unternehmen Protective One für mehr als das Dreifache des Jahresumsatzes aufgekauft.

Am Schluß des ersten Kapitels erfahren Sie, welche Aktionen zu diesen Veränderungen führten. Danach folgen 48 weitere Kapitel – keine Angst, sie sind kurz. Am Schluß der Kapitel werden jeweils die Maßnahmen des Managements aufgelistet, die erfolgreich funktionierten. Viele werden zu Ihrem Unternehmen passen. Und wenn keine zu passen scheint, sind Sie dann vielleicht das Problem? Oh Pardon, ich wollte Ihnen nicht zu nahe treten.

Unser letztes Kapitel erzählt von der Firma Teledesic, bei deren Start ich behilflich war. Die dabei verwendeten Taktiken funktionierten alle so gut, daß ich dieses Projekt schon während meiner Wiederbelebung von Knight begann. Wenn Teledesic erfolgreich ist, werden zwanzig Millionen bislang isolierte Menschen in aller Welt zum ersten Mal Telefone bekommen, die sie sich leisten können. Das dürfte täglich ein Dutzend Leben retten, 30 000 Arbeitsplätze und schon im ersten Jahr 10 Milliarden Dollar versteuerbare Einkommen schaffen. Teledesic läßt die Welt näher zusammenrücken. Die Investoren, die das Risiko eingingen, können durchaus zu Wohlstand kommen.

Das letzte Kapitel beschreibt die Geburt von Teledesic und endet mit der Offenlegung der drei nüchternen Taktiken, die diese unerhörte Idee in ein vertrauenerweckendes, gewinnträchtiges und die Medien in den Bann ziehendes Unternehmen verwandelten.

Jedes Kapitel ist in wenigen Minuten gelesen. Sie können das Buch zur Seite legen und Tage später wieder weiterlesen, ohne daß der Schwung verloren geht. Jede Geschichte handelt von einer anderen Geschäftssituation und leitet daraus seine besonderen Lehren ab. Einige Leser verschlangen das Buch ohne Unterbrechung. Das schmeichelte mir. Aber stecken Sie es dann bitte in Ihre Aktentasche und lesen noch einmal ein Kapitel pro Woche.

Wenn Sie Taktiken entdecken, die in Ihrer Firma gut wirken könnten, wenden Sie sie an. Die Ergebnisse werden Sie verblüffen. Wenn sich Ihre Gewinne nicht innerhalb eines Jahres verdreifacht haben, greifen Sie zum Telefon und unterhalten Sie sich mit mir, denn dann müßte es etwas geben, das wir beide übersehen haben.

Ich wette, keiner ruft an.

Kapitel 1
Verluste jetzt stoppen

Zwei Messingringe durchbohrten sein linkes Nasenloch. Seine Jeans waren ölverschmiert und zerrissen, das Haar verhedderte sich wirr über den Schultern einer Lederjacke.

»He Ihr Gecken, der neue Chefmensch ist hier«, sagte er, während er sich im quietschenden Stuhl aus seiner Flegelstellung aufrichtete. Füllung quoll aus dem Sitzkissen. Er ließ eine Zigarette fallen, zermalmte sie mit seinem Stiefel auf dem Boden und streckte mir seine Hand entgegen. »Willkommen bei Knight Protective«, sagte er.

Er war Telefonverkäufer. Im März 1990 unterzeichnete ich meinen Vertrag als Chefmanager, bevor ich auch nur einen einzigen Manager oder Beschäftigten des Unternehmens getroffen hatte. Mein Gehalt reichte knapp zum Überleben, war aber ansehnlich für ein so desolates Unternehmen. Es gab noch 80 weitere Telefonverkäufer auf der Gehaltsliste, nicht alle so charmant wie dieser nasenberingte. Ihre Aufgabe war der Verkauf von Einbruchsalarmanlagen. Dazu hatten sie sich per Telefon mit Hausbesitzern zu verabreden.

Moment mal: mit Nasenringen zu Hausbesitzern? Hmmm.

Nun, es wurde schon schlimmer, bevor es noch schlimmer kam. Neben den in der Einführung genannten Widrigkeiten stellte sich noch heraus, daß ein Lieferant, der überhöhte Preise in Rechnung stellte, den Löwenanteil des Geschäfts bekam. Ein wenig Herumschnüffeln brachte zutage, daß zwei meiner leitenden Angestellten unter anderen Namen Eigentümer der Lieferfirma waren.

Die Lösung war einfach genug. Wir bestellten eine Riesenmenge und bezahlten nicht. Bei einer Beschwerde hätten meine nicht ganz ehrlichen Manager ihre Rolle eingestehen müssen. So verließen die Sünder unsere Firma und wir konnten eine Weile kostenlos bezogene Ware verkaufen.

Sonst beliefen sich die Verluste auf 80000 Dollar pro Woche. Wenn Knight Protective Industries nicht die Forschung kapitalisiert und Ausrüstungen über zehn Jahre statt realistisch über einen kürzeren Zeitraum abgeschrieben hätte, wäre der Eindruck schlimmer und zutreffender gewesen.

Jedes Knight-Alarm-System beruht auf einer Gegensprechanlage im Haus des Kunden. Wird ein Alarm ausgelöst – und nur dann – stellt sich ein Lautsprecher ein. Statt einer Sirene, wie wir sie täglich hören und ignorieren, dröhnt eine Stimme: »Hier ist das Sicherheitszentrum. Bitte nennen Sie Ihr Codewort!«

So wird ein falscher Alarm rasch erkannt, ohne daß ein Telefonat mit dem Sicherheitszentrum nötig ist, und Einbrecher bemerken sofort, daß sie ertappt sind. Um so rascher werden sie den Tatort verlassen.

Leider erforderte die schludrige Herstellung der Anlagen, daß die Installateure nach dem Einbau durchschnittlich noch zweimal kommen mußten, ehe der Kunde zufrieden war.

Knights Buchführung offenbarte noch eine weitere Zeitbombe. Abschlüsse lebenslanger Gewährleistungsverträge hatten mehrere Millionen Dollar eingebracht, die aber inzwischen »verdunstet« waren. Schlimmer noch, diese Garantien wurden mit den problematischsten Anlagen und an die schwierigsten Kunden verkauft. Das wurde offensichtlich für leichter gehalten, als die Probleme zu beheben.

Inzwischen kamen ADT und Brinks mit Systemen für 195 Dollar auf den Markt. Unsere durchschnittlichen Anlagen- und Installationskosten beliefen sich auf 3400 Dollar. Aber – die Konkurrenten hatten keine Gegensprechanlagen anzubieten. Doch zum mehr als siebzehnfachen Preis, au Backe, wurde es schwieriger, unseren klaren Vorteil zu verkaufen. Bei ihrem Preis brauchten ADT und Brinks keine Vertreter. Werbung in den Medien genügte, und die kostete viel weniger als die Vertreterprovisionen. Zudem brauchte ein einzelner Installateur nur drei Stunden für den Einbau einer Anlage, während die Installation unseres Systems einige Techniker einen ganzen Tag, manchmal auch zwei, in Anspruch nahm. Dazu kamen noch die erwähnten Nachbesuche.

Nachdem wir aber einige Nächte mit Polizeistreifen in Los Angeles unterwegs waren und beobachtet hatten, wie intensiv sie in Anspruch genommen wurden, sahen wir ein, daß sie nicht sofort auf Alarme reagieren konnten, weil es sich zu 99 Prozent um falsche Alarme handelte. Knights Vorteil schien also doch wesentlich mehr ins Gewicht zu fallen. Wir provozierten Einbrecher, indem wir von ihnen das Codewort verlangten, und hörten mit, was bei Einbrüchen geschah.

Knights Anlagen lösten nicht nur Alarme aus, sondern zeigten auch tatsächliche Einbrüche an. Auf echten Alarm reagiert die Polizei, sie schnappt gerne Schurken. Das System funktionierte.

Doch es war nicht mehr genug Geld vorhanden, um das Geschäft fortzusetzen. Die Vertriebskosten stiegen astronomisch, während die Kunden sinkende Preise erwarteten.

Unser Überwachungszentrum erhielt begeisterte Zuschriften, aber unser Servicepersonal fühlte sich verachtet und war demoralisiert. Man mußte nicht Diplombetriebswirt sein, um zu begreifen, daß wir gut überwachten und mit den Gegensprechanlagen über ein bedeutendes Konzept verfügten, während alles, was wir sonst taten, einen Hinterhofmief verbreitete.

Wer Geld blutet, kann nicht klar denken.

So beendete Knight sein aggressives Marketing. Adieu Nasenringe. Statt das Patent für die Gegensprechanlage ausschließlich selbst zu nutzen, vergab Knight eine Lizenz dafür an den führenden Hersteller und bezog kleinere Mengen von ihm.

Wer Geld blutet, kann nicht klar denken. Nun aber, mit einem positiven Cash-flow, war Knight wieder in Form. Die Vertriebskosten schossen in der Branche so in die Höhe, daß anderen Händlern das Geld ausging. So wurde es billiger, Handelsfirmen aufzukaufen, als selber durch Verkäufe neue Kunden zu schaffen. Niemand schien das zu begreifen. So fingen wir an, andere Kundenkonten zu kaufen. Innerhalb von vier Jahren brachten wir es auf 10000 Konten, frei von allen Belastungen, und zahlten alle Schulden zurück.

Wir zahlten unseren verblüfften Aktionären etliche Millionen Dollar und akkumulierten zwei Millionen Dollar Guthaben bei unserer Bank. Einige hundert Händler überall im Land begannen das Problem der falschen Alarmauslösungen zu verstehen und schalteten ihr Geschäft auf Gegensprechanlagen um. Der von uns lizenzierte Hersteller setzte immer beachtlichere Mengen um. Das brachte Knight zunehmende Lizenzeinnahmen. Und da Knight jetzt richtig ausgerichtet war, entdeckten wir neue Wege zur Verbesserung der Sicherheitsüberwachung und ließen sie patentieren. Andere Überwachungsstationen waren von dieser Technik sehr angetan und nahmen von uns Lizenzen.

Dann passierte das Unvermeidliche. Protection One, ein rasch wachsendes Alarmsystemunternehmen an der US-Westküste, entdeckte uns im Sommer 1994 und übernahm Knight im November des gleichen Jahres für weit mehr als das Dreifache unseres Jahresumsatzes. Zwei weitere Interessenten hatten nicht viel weniger geboten.

Nach der Verteilung des Geldsegens rief mich ein schockierter Aktionär an, der gerade einen Scheck über mehrere Millionen Dollar von uns erhalten hatte, und fragte: »Was in aller Welt haben Sie getan?«

»Weniger«, antwortete ich, und das war alles.

Wir hatten ja zum Glück nicht genug Geld, um die sinnlosen Geschäftsbereiche zu subventionieren. Alles Wichtige mußte sofort geschehen. War es schwierig? Sicher. Aber nicht so schwierig, daß ich keine Zeit gehabt hätte, dieses Buch zu schreiben, etwas vom Leben zu haben und sogar noch dabei behilflich zu sein, ein neues Unternehmen zu gründen, wie in Kapitel 49 zu lesen ist.

Wie Sie dauernde Verluste ausmerzen

1. Ergreifen Sie sofort drastische Maßnahmen. Sie verlieren Geld, also hilft alles, was Sie dagegen tun. Hören Sie auf zu verkaufen und fangen an zu kaufen, oder hören Sie auf zu kaufen und beginnen zu verkaufen. Erhöhen Sie die Preise um 30 Prozent, schließen Sie eine Fabrik und kaufen von jemand anderem. Entscheiden Sie an einem einzigen Tag, was Sie tun werden. Sie können das nicht? Dann geben Sie auf. Warten Sie nicht darauf, daß »die Dinge besser werden«. Sie werden es nicht. Lassen Sie sich keine Zeit, darüber nachzudenken. Ihr IQ wird mit der Zeit wenig besser, aber Ihr Geschäft schlechter.
2. Bringen Sie in irgendeinem Umfang einen Cash-flow aus eigenem Geschäft zustande. Wenn Sie das nicht schaffen, existieren für Ihre Firma keine Geschäftsmöglichkeiten mehr. Suchen Sie nie nach Fremdfinanzierung, wenn Sie in Schwierigkeiten sind. Wenn Sie es doch versuchen und kein Geld bekommen, was wahrscheinlich ist, haben Sie in einem kritischen Moment Zeit verschwendet. Wenn Sie es doch bekommen, subventionieren Sie schlechte Geschäfte und ermöglichen so, weiter Unfug zu treiben. Sie geben auch zuviel auf, wenn Sie in geschwächtem Zustand Anteile an Ihrer Firma verkaufen. Sie können nicht klar denken, wenn Sie Geld bluten, also tun Sie erst, was nötig ist, um einen positiven Cash-flow zu erzielen. Nichts anderes zählt.
3. Teilen Sie das Geld auf, wenn es kommt. Das ist der schwierige Teil. Geld kann dumm machen. Wenn Sie also diesen positiven Cash-flow kreieren, behalten Sie Ihre frühere Panik bei und reinvestieren Sie ein wenig ins Geschäft zur Entwicklung besserer Produkte und Dienstleistungen, zahlen Sie ein klein wenig Schulden zurück und verteilen Sie etwas an Ihre Aktionäre. Jede einzelne Idee, die all die neue Beute aufbraucht, ist eine schlechte Idee.

Kapitel 2
Eine Flagge hissen

Der Fachmarktmanager war von den Zahlen überwältigt. Seine Kaufhauskette, Home Depot, war schnelle Erfolge gewöhnt, doch dieser Computerausdruck war umwerfend. Der Filialleiter hatte einen Weg gefunden, jährlich vierzehn Millionen Dollar zusätzlichen gewinnträchtigen Umsatz ohne jegliches Risiko und ohne Investitionen zu erzielen.

Er hämmerte mit seinem Bleistift auf den Schreibtisch. Dann nahm er einen Kugelschreiber und rollte die beiden Schreibwerkzeuge geräuschvoll aneinander. Schließlich stieß er seinen Stuhl vom Schreibtisch ab und faltete im Selbstvertrauen eines unternehmerischen Helden die Hände hinter seinem Kopf zusammen.

Er sprang vom Stuhl auf und federte zur Tür. Er dachte daran, wieviel Freude es macht, die Worte »Millionen Dollar« auszusprechen, und tat es vierzehnmal. Er öffnete die Tür. Vor ihm lag seine Home-Depot-Filiale für Eigenheim- und Gartenbedarf, ein Glied in einer Kette von 160, die bis 1997 auf 522 anwachsen sollte. Gegenwärtig gingen die Jahresumsätze auf fünf Milliarden Dollar zu. Und er trug dazu bei, nicht etwa eine Kleinigkeit, sondern eine Entdeckung von vierzehn Millionen Dollar.

Er schlenderte durch das Kaufhaus und fühlte sich wie ein Kaufmannsprinz in orangefarbener Schürze. Er kannte sein Metier. Einiges hatte er durch Ausbildung gelernt, das meiste aber in der Praxis. Er überschaute die Wandtüren, Spiegel, Bohrer, Spülbecken, Brauseköpfe, Vorhänge, Toiletten, Gartenzäune, Werkzeuge, Beleuchtungskörper, Teppiche, Berieselungsanlagen, Pinsel, Sägen, Matratzen, Rasenmäher, Betten und Mülltonnen. Er wußte, wo jedes Einzelteil hingehörte, und kannte die meisten Preise. Dies war sein Revier.

Er sah es sich an und dann daran vorbei und schlenderte auf etwas vorn im Ladenraum zu. Die ganze Zeit strahlte er eine Zuversicht aus, die seine Gangart bestimmte.

Vor drei Monaten hatte dieser Manager der Aufstellung eines kleinen Verkaufsstands in der Nähe der Kassen zugestimmt. Es war ein einfacher Versuch. An dem Stand wurden nur Damenstrumpfhosen der Marke Hanes verkauft. Der Hanes-Grossist sorgte für ausreichende Bevorratung, und Home Depot zahlte für Lieferungen nach sechzig Tagen. Die Nylonstrumpfhosen wurden für drei Dollar das Paar verkauft und Home Depot mit 2,40 Dollar in Rechnung gestellt. Der Verkaufsstand nahm nur knapp einen halben der 9500 Quadratmeter des Fachmarkts ein.

In Atlanta war vor fünf Jahren das erste Warenhaus von Home Depot eröffnet worden. Die Idee war, alles im Angebot zu haben, was in Haus und Garten gebraucht wurde. Auf 9500 Quadratmetern war das Warenangebot erheblich breiter als in einem typischen Baumarkt. Der Umsatz war höher, als ihn ein Baumarkt oder Haushaltswarengeschäft jemals erträumen durfte. Daher konnten bei prozentual verringerten Gewinnspannen doch hohe Gewinne erzielt werden. Die große Auswahl zog Kunden an. Sie wußten, was immer sie für ihr Heim haben wollten, im Home Depot war es zu finden.

Jede Filiale war gezielt in der Nähe von Wohngegenden der Mittel- und Oberschicht positioniert worden. Und jede kam auf einen Jahresumsatz von etwa 34 Millionen Dollar, das war unglaublich gleichmäßig.

In diese Atmosphäre wagte sich ein hartnäckiger Hanes-Vertreter. Er verstand sich gut mit dem Filialleiter, der jetzt zur Vorderseite des Fachmarkts wanderte. Der Vertreter überzeugte ihn davon, daß ein Hanes-Stand genau in das Geschäft passen und einen Haufen Geld erwirtschaften würde.

Und er erwirtschaftete einen Haufen Geld. Leicht aufzustellen, wurde er vom Hanes-Lieferanten gut versorgt, der ihn sauber hielt und die Auslagen mindestens zweimal wöchentlich wieder auffüllte. Der Filialleiter war nur verpflichtet, den Stand innerhalb einer Entfernung von zehn Metern sowohl von einer Kasse als auch vom Haupteingang aufstellen zu lassen.

Als er zur Vorderseite des Warenhauses kam, untersuchte der Manager intensiv das Geschehen am Hanes-Stand. Er beobachtete den Stand und dann die Frau an der dritten Kasse. Gerade vor einer Stunde hatte er sie gefragt, wie die Hanes-Ware lief. Und nun war er auf die vierzehn Millionen Dollar gestoßen. »Oh, heute vielleicht zwei, drei Dutzend«, hatte sie ohne mit der Wimper zu zucken gesagt, »gestern war es mehr, als der Stand direkt neben meiner Kasse stand.«

Das führte den Chef zu dem Schluß, daß vermutlich etwa 75 Paar Nylonstrumpfhosen täglich umgesetzt werden könnten, wenn an den entfernteren Kassen auch einige verkauft würden. Das ergäbe fast 235 Dollar, 85 000 Dollar aufs Jahr gerechnet, und in allen 160 Filialen über 14 Millionen Dollar (richtig gerechnet immerhin 13,14 Millionen Dollar). Und die Strumpfhosen verkauften sich so schnell, daß sie bezahlt waren, bevor die Lieferantenrechnung fällig wurde – also waren keine Investitionen nötig.

Der Filialleiter hätte seine Entdeckung am liebsten laut hinausposaunt. In einer vorsichtigen Anwandlung behielt er sie aber für sich. Er ging ihr noch mehr auf den Grund. Er überprüfte die Kassenstreifen, um sicherzugehen, daß die Schätzungen stimmten. Zwei Monate beobachtete er den Geschäftsverlauf, während er an einem Bericht feilte. Die Umsätze hielten sich auf dem geschätzten Niveau. Er schien dazu ausersehen, ein Vierzehnmillionendollarheld zu sein.

Schließlich schickte er seinen Bericht an die Bezirksdirektion. Und wartete. Er wußte, was die Herren antworten würden. Er wußte es einfach.

Er irrte sich. Sie verwarfen die Idee. Sie nannten es »ein gutes kleines Geschäft«. Dann erläuterten sie ihren Grund: »Wissen Sie«, so stand in der Antwort, »wir befürchten, daß es uns mehr kosten als einbringen würde. Es paßt nicht in unser Unternehmenskonzept.«

Er konnte es nicht fassen.

Eine verschwommene Ausrichtung ruiniert mehr Unternehmen als Konkurrenz oder aussterbende Märkte.

Beim Weiterlesen leuchtete ihm aber langsam ein, was gemeint war. In all seiner Aufregung hatte der Filialleiter die richtige Perspektive aus den Augen verloren.

»Dabei kann passieren«, erläuterte die Bezirksleitung, »daß unser Image vernebelt wird. Wir sind das Home Depot. Wir dürften in einigen Jahren auf einen Umsatz von zehn Milliarden Dollar kommen, und das beruht einzig und allein darauf, daß Eigenheimbesitzer zu uns kommen, um Dinge für Haus und Garten zu kaufen. Wir verkaufen keine Fahrräder. Wir verkaufen keine Pralinen. Und wir verkaufen keine Bekleidung, auch keine Damenstrumpfhosen. Der Punkt ist, wir befürchten, daß eine Ablenkung für vierzehn Millionen Dollar unsere Kunden verwirrt, und das ist der Zusatzumsatz nicht wert. Sie müssen wissen, daß eine verschwommene Ausrichtung mehr Unternehmen ruiniert als Konkurrenz oder aussterbende Märkte. Wir kennen unsere Richtung, und dazu gehören keine Strumpfhosen.«

Die Manager von Home Depot wußten, was sie taten. Sie waren sich absolut klar darüber, was Home Depot war, und stellten sicher, daß unser Filialleiter das ebenfalls begriff. Sie waren aber nicht böse auf ihn. Im Gegenteil, sie zollten seiner Initiative Beifall. Und dann ließen sie diese Geschichte rund gehen, denn sie half besonders gut, Home Depot zu definieren.

Sie erzählten das Beispiel anderen Filialleitern, den Aktionären und der Wirtschaftspresse, die darüber berichtete. Ein Mitteilungsbrief an die Belegschaft wiederholte die Geschichte und pries den Filialleiter für seine Initiative, wiederholte aber auch, warum Home Depot erfolgreich war: »Breitestes Warensortiment weit und breit für Wohnungs- und Gartenbedarf zu fairen Preisen.«

Das ist ihre Flagge. Sie hißten sie und erhielten sie auch gegenüber gleißenden Verlockungen anderer schneller Gewinne aufrecht. Home Depot wächst weiter um jährlich 30 Prozent. Die

Kunden schätzen das Unternehmen als Einkaufsplatz mit breiter Auswahl wertvoller Waren. Und die Geschäftsleitung bringt immer wieder die Strumpfhosengeschichte in Umlauf, um das Schiff auf Kurs zu halten.

Wie Sie Ihre Flagge hissen

1. Machen Sie sich ein genaues Bild von Ihren Kunden, Beschäftigten und Händlern. Finden Sie heraus, auf welchen Gebieten Ihre Organisation Überragendes leistet oder leisten könnte. Entscheiden Sie, welche die größte Gültigkeit und Zukunft haben.
2. Drücken Sie all das in ein paar kurzen, prägnanten Sätzen aus. Probieren Sie aus, was sich davon den Leuten einprägt. Beanspruchen Sie nie beste Qualität, Preise und Service zusammen, denn oft sind sie unvereinbar. Nehmen Sie ein oder zwei. Seien Sie präzise. »Bei 60 Meilen pro Stunde ist das lauteste Geräusch die Uhr«, sagt Rolls Royce. Das sagt mehr als eine müde Behauptung wie »Qualität«. Es sagt mehr als »ruhig«, es ist spezifisch und daher einprägsam. Dominos definiert seinen Pizza-Service mit »Lieferung in 30 Minuten«. Sie sagen nicht »besser« oder »billiger« oder »heißer« oder »würziger« oder »größer«. Sie sagen nicht einmal »schneller«, sondern »in 30 Minuten«.
3. Verwenden Sie den Satz in Reden, Werbung, Briefköpfen, Versandaufklebern, Broschüren und am Haupteingang. So etwa zu der Zeit, zu der Sie den Slogan satt haben, fangen andere vielleicht gerade an, ihn zu begreifen. Verwässern Sie die Aussage nie durch Erwähnung der anderen langweiligen Dinge, die Sie vielleicht noch machen. Das interessiert niemanden. Betonen Sie Ihre Hauptstärke.

Kapitel 3
Spezialisierung bringt Gewinn

Doug Smith war mit den schlimmsten Scheuklappen gestraft worden, die man sich vorstellen kann. Er war mit Reichtum geschlagen. Der war eine nicht enden wollende Quelle von »Familiengeld« für das Unternehmen des Kindes, Software Express in Big Sky, Montana. Er hatte keine Perspektive, er hatte einen Treuhandfonds. So wuchs, oder besser verzettelte sich das Unternehmen auf drei verschiedenen Gebieten und machte ständig Verluste. Schließlich, nach zehn trostlosen Verlustjahren, waren Dad und die anderen Treuhänder es leid, auf Gewinne zu warten.

Über einen Personalvermittler bat mich der Aufsichtsrat, als Chefmanager die Leitung der Firma zu übernehmen. Es war zwar interessant, aber ich war nicht interessiert. Ich sagte dem Personalvermittler, daß die Familie Smith das Unternehmen so lange durcheinandergewirtschaftet hatte, daß Scheitern Teil der Unternehmenskultur war und eine drastische Neuausrichtung nötig wäre, um die Firma wenigstens aus der Verlustzone herauszubringen. Und dann bestand die Gefahr, daß jedermann Mittelmäßigkeit feiern würde. »Wenn die Familie Geld verdienen will«, sagte ich, »muß sie jedwede Kontrolle über die Geschäftsführung abgeben.«

»Ich glaube nicht, daß sie so weit gehen würden«, stammelte der Personalvermittler. Er erwähnte die hingebungsvolle Verbundenheit von Doug Smith mit seinem Unternehmen.

Doug Smith war intelligent, strotzte vor Energie und konnte für nahezu alles ein Programm entwerfen. Aber er hatte keine

Ahnung, wie man ein Unternehmen leitet. Die Instinkte dafür entwickelten sich nie, weil er sich nie um Geld zu sorgen brauchte. Es war, wie Tennis ohne Netz spielen zu lernen. Einfach sinnlos. Er arbeitete hart, war immer enthusiastisch und hatte gewöhnlich einen grandiosen Plan für jeden Tag. Der grandiose Plan hatte aber nie etwas mit Gewinnen zu tun. Oft war es eine Vision neuer Einnahmen, ein Höhenflug zur Vermeidung einer Auseinandersetzung mit so belanglosen Einzelheiten wie Kosten, Gewinnen und Verlusten.

»Lassen Sie die Firma einen eifrigen jungen Pfadfinder engagieren und in diesem Sommer noch einmal eine Million Dollar verlieren«, sagte ich dem Vermittler, »dann unterhalten wir uns.«

Die Diskussionen gingen hin und her, und schließlich befand der Anwalt des Treuhandfonds in einem Anfall von Frustration kühn, es sei an der Zeit, die Kontrolle von Software Express vollständig abzugeben. So übernahm ich die Leitung. Doug Smith, der Sohn, blieb und wurde ein Freund. Es war unmöglich, ihn nicht gern zu haben – sein ungestümer Enthusiasmus für alles war magnetisch. Seine zusammenhanglose Begeisterung war jedoch bar jeden wirtschaftlichen Sinnes.

Er hatte zwei Semester an einer Universität in Montana überdauert. Er war hochintelligent und vorwärtsdrängend. Doch er fiel durch. Er konnte sich nicht anpassen. Das hatte etwas mit so törichten Dingen wie regelmäßiger Teilnahme an Vorlesungen zu tun. Danach arbeitete er bei McDonald's in Billings, Montana. Nach sechs Monaten wurde er gefeuert. Dann kam er nach Big Sky, wo der Familienfonds ihn mit Software Express förderte.

Aus meiner Untersuchung des Unternehmens und Gesprächen mit Doug ergab sich eindeutig, daß Software Express nur eines brauchte: die Konzentration auf einige Kerngeschäfte. Die Firma polterte in so viele Richtungen, ohne eine einzige nachhaltig zu verfolgen, daß sie an jeder Front Verluste machte und die Kunden vor den Kopf stieß.

Nach zwölf Wochen unterhielt ich mich mit Doug darüber und über Wege, wie wir tatsächlich in einigen Geschäftsbereichen der Firma Geld verdienen konnten. Er stimmte eifrig zu. Ich stellte die neuen Regeln zusammen: ein Jahr lang keine Investitionen in neue Bereiche, bescheidene Investitionen von Geld und mehr Zeit in einige laufende Projekte, Aufstellung von Budgets und deren Einhaltung. Wir würden das Schiff hart auf Kurs bringen.

Doug las meinen Vorschlag und mochte ihn. Am nächsten Morgen kündigte er. Er sagte, seine Talente würden besser in eine unternehmerischere Umgebung passen. Es war gut, daß er ging. Es war traurig, daß er ging

Eines der Produkte von Software Express war Software zur Berechnung von Hypothekenamortisationen für Immobilienfirmen und Banken. Sie konnte zur Darstellung von Tabellen in drei verschiedenen Arten kundenspezifisch programmiert werden. Diese Pakete kosteten etwa 10000 Dollar, die kundenspezifische Programmierung erforderte einen Monat.

Das zweite Produkt des Unternehmens war eine statistische Software. Sie war an der Staatsuniversität von Montana entwickelt und von Software Express in Lizenz erworben worden. Dieses Produkt für 25000 Dollar fand hauptsächlich bei Wissenschaftlern Anklang, und selbst bei ihnen war der Anklang schwankend. Es war präziser, aber weniger flexibel als andere Systeme. In der Praxis, bei Qualitätskontrollabteilungen von Produktionsunternehmen, stieß diese Software auf kein Interesse. Nur bürokratische Puristen waren daran interessiert. Das Statistische Bundesamt der USA und das Nationale Gesundheitsamt hatten langfristige Verträge zur Nutzung der Software und ihrer Updates unterzeichnet.

Das dritte Produkt von Software Express war eine einfache Software für Rechtsanwälte. Es wurde an kleine Anwaltspraxen verkauft, die ihre Textverarbeitung computerisieren wollten. Es kam »von der Stange«, eine kundenspezifische Programmierung war nicht erforderlich. Der Preis betrug 1500 Dollar. Displays auf dem Bildschirm wie auch Ausdrucke konnten in Farbe erfolgen.

Ich besuchte mehrere Nutzer der drei Produkte, um über Stärken und Schwächen unserer Erzeugnisse alles herauszufinden, was sich ausmachen ließ. Wir fanden zwei Konkurrenten, die mit unserer praktisch identische Hypotheken-Software anboten. Wir stellten fest, daß unsere statistische Software die beste am Markt war, aber nur mit geringem Vorsprung. Ihre Verwendung erforderte mehr Mühe und sie war viel teurer als die nächstbeste.

Wir erfuhren auch, daß Rechtsanwälte es nett fanden, daß unsere Textverarbeitungs-Software die einzige war, die es mit Farbe gab. Nicht überwältigend, nur eben nett.

> *Die dümmsten Worte im Geschäftsleben sind »komplette Produktpalette« oder »kompletter Service«.*

Wir erwogen, unsere Hypotheken-Software gegenüber unseren beiden Konkurrenten zu verbessern. Sie planten aber vermutlich das Gleiche. Außerdem stagnierte der Markt. Wir versuchten es trotzdem. Wir verbesserten stetig die Qualität und erhöhten ein Jahr lang die Preise um monatlich fünf Prozent. Am Jahresende waren uns noch zwanzig Prozent unserer Kunden treu geblieben, achtzig Prozent erklärten uns, wir sollten uns das Zeug an den Hut stecken, und kehrten uns den Rücken.

Den restlichen 20 Prozent ging es vor allem um die Qualität, die wir Monat für Monat verbessert hatten. Diese verbliebenen 20 Prozent des Geschäfts waren profitabel. Wir verkauften die Software nun an einen unruhigen pensionierten Banker, der nach einem Hobby suchte. Er verdiente mit der Führung dieses restrukturierten Geschäfts von zu Hause aus in den nächsten fünf Jahren mehr Geld als während der dreißig Jahre zuvor bei seiner alten steinernen Bank.

Wir dachten, es würde einen fortlaufenden Markt für die statistische Software geben, wenn wir sie benutzerfreundlicher machen würden. Das hätte uns aber 18 Monate und 250000 Dollar gekostet. Deshalb verkauften wir das Statistik-Software-Geschäft an Scientific Associates, einen billigeren, aber stärkeren Konkurrenten. Er machte selber das System benutzerfreundlicher und verkaufte es als »seinen Cadillac« statistischer Software. Bei ihm lief das Geschäft damit gut.

Wir tauften Software Express in Legal Rainbow um. Wir entschieden uns für die Bearbeitung des Textverarbeitungsmarkts für

Rechtsanwälte, weil von den drei ursprünglichen Produkten von Software Express nur die juristische Software etwas am Markt Einzigartiges von Wert für die Kunden bot. Es war nichts Ausgefallenes, das uns von anderen vollkommen abhob, sondern einfach nur die Farbfähigkeit. Sie war der kleine Unterschied, unsere Spezialität.

Die Farbe diente nicht einmal einem vernünftigen Zweck. Und unsere Kunden waren Anwälte, Leute, die sich mit Schuld und Unschuld, Schwarz und Weiß auseinandersetzten. Auf den ersten Blick scheint das keine Gruppe zu sein, die auf Farbe stehen sollte. Doch die Farbe diente keinem positiven oder negativen Zweck, sie kostete auch nicht mehr Geld. Viele Anwälte entschieden sich nach Abwägung jeden erdenklichen Grundes für oder gegen Farbe für das Leben auf des Messers Schneide. Es war risikolose Spontaneität, eines Anwalts Traum.

Der Absatz verdreifachte sich innerhalb eines Jahres. Alle unsere Angestellten wurden in Farbgrafik immer besser, denn das wurde alles, was Legal Rainbow tat. Nach weiteren acht Monaten kaufte ein Computerhersteller das Geschäft auf.

Noch immer denke ich von Zeit zu Zeit an Doug Smith. Ich hoffe, es geht ihm gut. Sein Familienego bekam einige Schrammen, aber der Nettowert des Familienvermögens stieg in den anderthalb Jahren der Sanierung um mehrere Millionen Dollar.

Legal Rainbow hatte Erfolg, weil sich die Firma spezialisierte. Keiner kann immer alles für jeden sein. Die dümmsten Worte im Geschäftsleben sind »komplette Produktpalette« oder »kompletter Service«. Sie beweisen nämlich, daß die Firma in nichts herausragend ist. Da sie mehr macht als jede andere, macht sie alles schlechter und hat höhere Fixkosten. Und die Lebenslänge einer Firma mit schlechtem Service und hohen Fixkosten mißt man am besten mit einer Stoppuhr.

Wie Sie Ihr Unternehmen spezialisieren

1. Listen Sie jedes Produkt und jede Dienstleistung Ihrer Firma in der Reihenfolge ihrer Deckungsbeiträge auf. Erhöhen Sie die Preise für alles, was in der unteren Hälfte erscheint, oder werden Sie es innerhalb eines Jahres los. Das erfordert Schneid. Es funktioniert immer.
2. Differenzieren Sie Ihren Vertrieb von dem der Konkurrenz. Wenn die Konkurrenten an Banken verkaufen, verkaufen Sie an Immobilienmakler und lernen deren Sprache. Wenn die Wettbewerber an Großunternehmen verkaufen, verkaufen Sie an Klein- und Mittelbetriebe. Wenn andere ab Werk verkaufen, senken Sie Ihre Fixkosten und liefern über Handelsvertreter. Suchen Sie sich eine Region aus, in der Sie Marktführer werden, statt überall Nummer Zwei oder Drei zu sein.
3. Unterscheiden Sie sich von der Konkurrenz entweder durch tiefere oder durch flachere Mengenrabatte. Wenn die Konkurrenten lange Zahlungsfristen gewähren, locken Sie mit niedrigeren Preisen und verkürzen dafür die Zahlungsfristen. Fahren Sie zick, wenn die anderen zack fahren.

Kapitel 4
Machen, was sich verkauft

Skier mit gelben Spitzen weckten in mir heiße Begierden. Ich war mit meinem bierversessenen Zimmergenossen Willie in den Ferien von der Iowa-Staatsuniversität in einer Skischule, so richtig auf einem Berg. Am ersten Tag waren wir dort am Fuß des Hügels, als wir die gelben Spitzen sahen. Sie schwärmten an Skiern verschiedenster Größe und Formen den Hügel herab. Die gelbbespitzten Skier waren sämtlich schneller als die Holzbretter von uns maisernährten Sterblichen. Neben den Stahlskiern mit den gelben Spitzen sahen unsere wohl so aus, als wären sie aus dem Boden eines Bierfasses geschnitzt worden.

Der Markenname der Skier mit den gelben Spitzen war Head Vectors. »Woran erkennt man sie?«, fragte ich Willie. »Schau' Dir die gelben Unterflächen an«, sagte er. Die neuen Stahlskier hatten einen gelben Kunststoffüberzug auf den Unterflächen. Da die Spitzen sich fünf Zentimeter aus dem Schnee bogen, waren sie sichtbar.

Howard Head, ein Erfinder in Boulder, hatte Stahlskier entwickelt, weil er dachte, daß sie sich verkaufen ließen. Nach zwei Jahren Erprobung von Prototypen auf Biegen und Brechen mit Freiwilligen der Colorado Skipatrouillen präzisierte Head seine Formel. Er errechnete die optimale Härte, Dicke und Form der Skier und wo sie zu schweißen waren. Wie schließlich von ihm entwickelt, war Stahl leichter, federnder, konsistenter und schneller als Holz. Er schickte die Skier 1963 an den Start, und sie bluhten überall in den Rocky Mountains auf wie Osterblumen. Vectors war Heads Spitzenmodell, und dessen Signatur die gelbe Unterfläche.

Die Skier mit den gelben Spitzen sahen schneller aus und waren natürlich rennerprobt. Als ich sie in Aktion sah, brannte ich vor Verlangen nach ihnen. Ich wollte schnellere, federndere, leichtere Skier. So ging es allen anderen, und das bestätigte sich am Markt. Es war kein Modemarkt, der auf einer Werbewelle oder einem Preisverfall ritt. Das Produkt war real. Es lockte potentielle Kunden wie Willie und mich, die zurück ins Flachland von Iowa gingen und die Vorlesungen verträumten, wobei wir raffinierte Head-Skier kritzelten und die Spitzen mit einem Filzstift für 39 Cents gelb einfärbten. Ich lernte eine Menge in diesen Vorlesungen. Ich lernte, daß ich wirklich ewig skifahren wollte, und ich bekräftigte in meinen Kritzeleien, daß ich dazu Head-Skier brauchte.

Firmen, die verkaufen, was sie machen können, gehen immer ein, aber Unternehmen, die machen, was sie verkaufen können, haben ein Rezept für langes Leben.

Zwei Jahre später, sowie ich die Hochschule absolviert hatte und eine Stellung bekam, kaufte ich mir Head-Skier. Jeder tat das. Holzskier stapelten sich als Ladenhüter in den Geschäften, obwohl die Preise wieder und wieder stark herabgesetzt wurden. Head-Skier kosteten viermal soviel wie die hölzernen, und die Händler konnten nicht genug davon bekommen. Bei den ständigen Nachbestellungen expandierte die Head-Fabrik und produzierte in drei Schichten rund um die Uhr. Zu einem Zeitpunkt, zu dem etwa zwanzig Unternehmen in aller Welt Skier herstellten, kam Head auf einen Marktanteil von einem Drittel. Es war ein munteres Rennen. Doch es war unvermeidlich, daß auch andere lernten, Stahlskier herzustellen, so daß Heads Marktanteil etwas zurückging.

Head bot den typischen Anblick eines Markenartikels: die schwarzen Skier mit der gelben Unterseite. Andere kamen mit Farben und knabberten sich noch kleine Marktanteile ab. Doch

Head-Skier dominierten noch immer und hatten bei fast allen Skifahrern eine starke Position.

Doch dann tauchte ein europäischer Hersteller, Rossignol, mit Skiern aus Epoxylinharzschichten auf. Die ließen Stahl wie Holz aussehen. Wiederum waren die neuen Skier schneller, leichter und stärker. Schneller, leichter und stärker siegte wieder. Rossignol machte mit Head, was Head mit dem Holzskiermarkt gemacht hatte. Head hatte zu lange stur auf Stahl beharrt, wie so viele Unternehmen sich an die Tradition halten und dabei blind gegenüber dem Fortschritt sind.

Hätte Head früher bemerkt, daß Stahlskier veralteten, würde es die Metallpräge- und -schneidemaschinen verschrottet und massiv in Maschinen für Epoxylinharzschichten investiert haben. Head hätte damit dank der Kundentreue einen großen Marktanteil behalten können, zumal die neuen Skier vermutlich auch schwarz mit gelben Unterteilen zu machen gewesen wären.

Statt seinen Kunden blieb Head jedoch seinem Produktionsverfahren treu, im donquichottischen Glauben, Zeit und Fortschritt würden mit Head auf dem Gipfel stehen bleiben. Wäre Head mit dem Markt vorangeschritten, hätte das Unternehmen vielleicht nicht mehr ständig dominiert, aber besser abgeschnitten als tatsächlich. Es war eine vertane Chance, und wenige wissen, daß Head noch Skier herstellt.

Es ist leicht, introvertiert zu werden, fasziniert von dem, was man gut macht. Es ist leicht, nicht zu merken, daß sich in der Welt Richtungen, Geschmack und Wünsche gewandelt haben. Ein starkes Unternehmen muß aber immer mehr nach außen als nach innen schauen. Firmen, die verkaufen, was sie machen können, gehen immer ein, aber Unternehmen, die machen, was sie verkaufen können, haben ein Rezept für ein langes Leben.

Wie Sie Ihr Unternehmen gesund erhalten

1. Halten Sie sich einen Kundenbeirat. Ermuntern Sie ihn, Ihre Geschäftsausrichtung zu kritisieren. Achten Sie genau auf sich

anbahnende Bedrohungen und auch auf neue Konzepte, die dem Beirat gefallen. Wechseln Sie die Beiratsmitglieder jährlich aus, um auf neue Gesichtspunkte zu stoßen. Beurteilen Sie die wirtschaftliche Gesundheit der Beiratsmitglieder, denn wenn sie von Trends bedroht werden, werden Sie es auch.

2. Legen Sie einige Kriterien für sich selbst fest, die anzeigen, daß Veränderungen notwendig sind. Wenn der Exportanteil an Ihrem Umsatz von 20 auf 35 Prozent steigt, schließen Sie dann Ihr Inlandswerk und verlegen Ihre Produktion ins Ausland? Wenn eine bedeutende Einzelhandelskette von Holz- auf Kunststoffstuhlgestelle umschaltet, ist es dann Zeit, die Produktion Ihrer Stuhlfabrik umzustellen? Bezifferte Regeln oder zumindest Richtlinien sollten bei Ihnen schon gelten, bevor die nächsten Veränderungen am Markt eintreten, denn Sie denken genauer, bevor Sie sich im Abwärtssog befinden.
3. Vergessen Sie aber nie, daß hinter allen ausdrücklichen Kundenwünschen ein nie endendes Verlangen nach niedrigeren Preisen steckt. Das heißt, daß Ihre Kosten eine ganz entscheidende Rolle spielen und dies der einzige Grund für Stolz auf Ihre Produktionsanlagen oder -verfahren ist. Wenn Ihre Kosten niedriger als die aller anderen Bezugsquellen sind, werden Sie gewinnen. Jedes Mal. Als Head-Skier viermal soviel wie Holzskier kosteten, lagen die Kosten von Head immer noch unter denen der Hersteller von Skiern aus Holz. Heads hohe Gewinnspannen ermöglichten dem Unternehmen, das Marketing auszuweiten und zu verbessern und damit immer höhere Gewinnspannen zu erzielen. Kostenüberlegenheit ist der einzige Grund zur Verliebtheit in die eigenen Produktionsverfahren.

Kapitel 5
Kosten senken

Es gibt ein Unternehmen, das durch ein nicht enden wollendes Streben nach weiteren Kostensenkungen entstand. Es nennt sich Price Club und ist die Schöpfung von zwei Männern unterschiedlicher Herkunft, aber gleicher Grundauffassung: Kostensenkung ist das A und O.

30 Jahre vor der Gründung von Price Club war Sol Price Rechtsanwalt in San Diego. Während des Zweiten Weltkriegs bezahlten viele seiner Klienten die Rechnungen mit Schmuck oder Uhren statt mit barer Münze. So viele taten dies, daß er einen Laden für Gebrauchtschmuck und -uhren eröffnete. 30 Jahre später war aus diesem Geschäft FedMart geworden, eine Kette von Discount-Läden für Gemischtwaren, die Price 1975 an einen deutschen Einzelhändler, Hugo Mann, verkaufte. Price blieb als Präsident bei der Firma, und das deutsche Unternehmen berief Hans Schoepflin zum geschäftsführenden Vizepräsidenten.

Sol Price kämpfte gegen die neue deutsche Rigidität an, die beispielsweise drei Unterschriften auf jedem Ausgabenbericht erforderte. Er kämpfte, doch es war nicht mehr sein Unternehmen. Er verlor und wurde gefeuert. Hans Schoepflin wurde Präsident von FedMart, und Sol Price gründete ein neues Unternehmen, Price Club. Er verklagte zudem FedMart, Mann und Schoepflin wegen Vertragsbruchs.

Sol mietete ein Warenhaus in einem Geschäftsviertel in zehn Minuten Entfernung von meiner Wohnung in La Jolla, Kalifornien, nördlich vom nahe gelegenen San Diego. »Kein Mensch kam«, erinnert sich Sol. »Nach sechs Monaten mußten wir entscheiden, ob wir etwas mehr Geld zu investieren hätten, um das Geschäft in Gang zu halten.«

Price Club schaltete Zwischenhändler, Verkaufspersonal und ausufernde Handhabungsverfahren aus. Es war ein Warenhaus zum Kauf großer Mengen eines Produkts. Für deren Abnahme erhielten die Kunden unglaubliche Rabatte. So wurden die Strumpfhosen, mit denen Home Depot (Kapitel 2) nichts zu tun haben wollte, in Zehnerpackungen für 25 statt für 30 Dollar verkauft. Sie wurden bei Price Club reißend abgesetzt und zu einer sprudelnden Gewinnquelle.

Doch in den ersten sechs Monaten schlummerte das Geschäft vor sich hin. Es kamen nur wenige Kunden, und die Unmengen von Waren blieben zu lange in den Regalen. Sol und einige andere wohlgesonnene Investoren hatten 750 000 Dollar investiert. Ohne mit der Wimper zu zucken entschloß sich Sol nach den sechs Monaten, noch 250 000 Dollar zu investieren. Nicht mehr. Er weiß heute noch nicht, warum. Er hatte es im Gefühl und verließ sich auf seinen Instinkt. Er hatte recht. Endlich kamen die Kunden.

So gut wie nie werden Geschäftsleute mit einem so starken Markt oder einer so abgeschotteten Monopolstellung gesegnet, daß der Preis mit den Kosten nichts mehr zu tun hat.

Vielleicht hatten die wenigen Anfangskunden erst nach Monaten begonnen, sich über die attraktiven Preise zu unterhalten. Vielleicht breitete sich die Mund-zu-Mund-Propaganda im milden Wetter Kaliforniens nur langsam aus. Es gibt keine Erklärung für die Verzögerung des Erfolgs, wohl aber für den Erfolg: Kunden lieben es, Geld zu sparen.

Drei Jahre redeten Sol und Hans nicht miteinander, trafen sich aber regelmäßig in Gerichts- und Anwaltsräumen. Sol hörte sich jede Aussage von Hans im Gerichtsverfahren intensiv an, und nach und nach stellte sich heraus, daß sie beide die gleichen Grundauffassungen hatten. Etwa drei Jahre nach der Trennung sah Hans ein, daß Sol recht hatte und seine deutschen Firmeninhaber unrecht. Hier war nicht Deutschland, hier war San Diego. Bärte waren gut, Jeans o. k., sogar Anzüge und Krawatten, wenn damit nicht übertrieben wurde. Was nicht gut war, waren dumme Regeln. Hans wußte, es sollte, wie Sol gesagt hatte, nur eine Regel geben: Kosten senken. Aber Hugo Mann wollte expandieren.

Hans verlor ebenfalls, also kündigte er. Etwa zur gleichen Zeit kam es zur Einigung vor Gericht. Im Sommer 1978 bot Sol Hans an, für ihn zu arbeiten. Sie trafen sich zum Kaffee und erörterten ihre gemeinsame Überzeugung, daß die Verringerung der Vertriebskosten entscheidend für einen Erfolg war. Das erforderte Warenhäuser zu niedrigen Mieten, für bestimmte Verladeeinheiten genormte Regale und direkte Entladung der Waren vom Gabelstapler auf die Verkaufsflächen.

Sie blieben im Gespräch. Einzelhandel macht Spaß, fanden sie beide, und Mengenrabatte waren der Trend der Zukunft. Es war so leicht. Sol Price war ein von der Rezession gebranntes Kind und kostenbewußt. Hans Schoepflin war von Beruf Buchhalter: Er sah alle Kosten als Übel und keine davon als notwendige Übel an. Sie stiegen eine ganze Stufe über das Geschäft der Lebensmittelketten und sahen den Einzelhandel aus einer neuen Perspektive.

Das Erfolgsgeheimnis sind nach Price begrenzte Auswahl und große Behältnisse. Buchführung und Lagerhaltung sind damit einfacher, und vor allem kaufen weniger Kunden, diese aber mehr Waren. Price sagt: »Es zahlt sich aus, Kunden zu verlieren.«

Price beschreibt das so: »Nehmen Sie an, 10 000 Kunden durchlaufen täglich das Geschäft und zehn brauchen ein leichtes Schmieröl im Haushalt. Wenn Sie Dosen zu 0,5 Litern, 0,25 Litern und zu 0,1 Liter führen, können Sie Öl an alle zehn Kunden verkaufen. Einer nimmt die 0,5-Liter-Dose, drei kaufen die 0,25- und sechs die 0,1-Liter-Dosen. Sie haben dann zehn Kunden 1,85 Liter verkauft, indem Sie drei Größen auf Lager haben.

Im Price Club könnten wir aber nur die 0,5-Liter-Dose haben. Die Hälfte der zehn Kunden kauft nicht, 0,5 Liter sind ihnen zuviel. So verkaufen wir fünf Dosen und damit 2,5 Liter. Doch das Beste daran ist, daß wir jetzt einen höheren Rabatt vom Öllieferanten bekommen. Er muß Price Club nur eine Größe schicken und wir verkaufen mehr. So wird es billiger für den Kunden. Und jetzt verkaufen wir sogar noch mehr Öl zu einem noch niedrigeren Preis. So zahlt es sich aus, Kunden zu verlieren, und jeder gewinnt.«

Der Price Club verdient sich hohe Preisabschläge von seinen Lieferanten, indem er ihnen das Leben durch weniger Verpakkungsarbeit erleichtert. Weigert sich ein Lieferant, wird seine Warenkategorie nicht geführt. Das erhält beim Einkaufen einen Sinn für Entdeckungen.

Es funktioniert so gut, daß Price Club keine Lagerkosten hat. Entweder werden die Waren innerhalb von zwei Wochen verkauft, oder sie werden nicht mehr bestellt. Der Lieferant muß gewöhnlich 30 Tage nach Lieferung bezahlt werden, die Verkaufszeit beträgt also gewöhnlich kaum die Hälfte.

Zusätzliche Filialen wurden eröffnet, als die Kundenströme anschwollen. Die Zeitschrift *Forbes* kürte Price Club zum Wachstumsunternehmen mit der höchsten Rendite der 80er Jahre. Der Jahresumsatz stieg 1994 auf über zehn Milliarden Dollar. Kein schlechtes Wachstum für die ersten 18 Jahre. Dieser Aufsteiger scheint es zu schaffen. Er strebt noch immer nach weiteren Kostensenkungen.

Hans Schoepflin trat 1978 für ein nur symbolisches Gehalt und Aktienoptionen in die Firma ein. Er nutzte die Optionen, und seine Aktien erreichten innerhalb eines Jahrzehnts einen Wert von 100 Millionen Dollar. Selbst nachdem jeder, der anfangs 2500 Dollar in die Firma investiert hatte, Millionär geworden war, wurde der Jahresbericht noch nicht gedruckt, sondern auf einem Kopierer vervielfältigt.

Der Erfolg verlockte zur Nachahmung. Costco und Sam's Club erschienen am Markt. Auch sie kamen innerhalb weniger Jahre auf Milliardenumsätze. Alle wurden Gewinner.

Sol und Hans wußten auf ihrem Weg in den Club der Umsatzmultimilliardäre, daß es so etwas wie fixe Kosten einfach nicht gibt. Keine noch so kleine Einsparung ist belanglos, jede gibt ein gutes Beispiel, und kaum etwas motiviert stärker, als den besten Preis zu finden. So gut wie nie werden Geschäftsleute mit einem so starken Markt oder einer so abgeschotteten Monopolstellung gesegnet, daß der Preis mit den Kosten nichts mehr zu tun hat. Deshalb ist Kostensenkung das wirksamste Mittel zur Marktentwicklung, das es gibt.

Früher oder später beginnt jeder erschöpfte, ausgebrannte Marketing-Manager wie ich zu merken, daß Buchhalter, diese scheuen Erbsenzähler, schon immer ein bißchen besser als die auffälligen Absatzförderer waren, wenn es darum ging, Kosten in Frage zu stellen und zu senken. Buchhalter sind bessere Marketing-Manager als wir Marketing-Manager selbst.

Wie Ihre Mitarbeiter Kosten senken können

1. Senken Sie die Gehälter Ihrer Spitzenmanager um zehn Prozent und die aller anderen Manager um fünf Prozent, gewähren Sie ihnen aber monatliche gewinnabhängige Bonuszahlungen – zehn Prozent vom Gehalt, wenn die monatlichen Gewinne so hoch sind wie im gleichen Vorjahresmonat, sonst entsprechend mehr oder weniger. Sie können dann die Ausgaben sinken sehen. Die Bonuszahlungen lassen alle in die gleiche Richtung rudern.
2. Bilden Sie jeden Monat aus einem Querschnitt der Belegschaft einen neuen Ausschuß, der Vorschläge zu weiteren Kostensenkungen auszuarbeiten hat. Bezahlen Sie den Mitgliedern ihren Zeitaufwand. Geben Sie ihnen 30 Tage Zeit, um die fünf wichtigsten möglichen Kostensenkungen vorzuschlagen, und veröffentlichen Sie die Empfehlungen jeden Monat zusammen mit einer Liste aller verwirklichten Vorschläge mit den Namen der Ausschußmitglieder und zahlen Sie diesen 20 Prozent der Summe, die damit im ersten Jahr gespart wurde.
3. Gehen Sie mit gutem Beispiel voran. Nehmen Sie verbilligte Flugtickets. Arrangieren Sie auswärtige Zusammenkünfte an Wochenenden, um Flug- sowie Hotelkosten zu vermindern,

und vergleichen Sie die Preise der verschiedenen Transportanbieter. Reduzieren Sie die Müll- und Reinigungskosten, kaufen Sie gebrauchte Möbel und Büroausrüstungen, ziehen Sie mit Ihrer Verwaltung in eine kostengünstigere Gegend und bringen Sie mehr Pflanzen und hellere Farben in die Büros. Organisieren Sie den Einkauf so, daß alles, was mehr als 1000 Dollar kostet, per Ausschreibung beschafft wird. Unterlassen Sie 180 Tage lang Neueinstellungen für Arbeitnehmer, die den Betrieb verlassen, und warten Sie ab, was passiert. Ihre verbleibenden Mitarbeiter machen die Arbeit vielleicht gern mit, um sich höhere Bonuszahlungen zu verdienen.

Kapitel 6
Produktentwicklung dynamisieren

Bei einer Fotoausstellung in Chicago kündigte Kodak seine Instamatic 110 an. Da spürten wir bei Honeywell, daß wir unsere eigene Kamera dieser Art entwickeln mußten. Man brauchte nicht so brillant wie ein Rhodes-Stipendiat sein, um zu wissen, daß die 110 ein Renner würde, paßte sie doch in eine Hemdtasche und machte ausgezeichnete Bilder.

Wir wurden von der Konkurrenz inspiriert und von Angst. Wir trafen uns bei der Arbeit, nach der Arbeit, in einer Bar oder auf der Kegelbahn. Wir wurden immer besessener, und etwas Interessantes geschah. Wir begannen, über mehr als nur die Kamera zu reden. »Könnten wir nicht irgendwie erreichen, daß die Scharfeinstellung automatisch geschieht?« fragte einer aus unserer kleinen Gruppe.

Wir schienen darauf zu stoßen, nur indem wir darüber sprachen. »Sie« – die automatische Scharfeinstellung – wurde eine abgeleitete Besessenheit, aber eine großartigere als die 110, die schon konstruiert worden war. Obwohl es unser Hauptziel war, eine bessere 110 zu machen, richteten wir die meiste Energie auf das Randziel automatische Scharfeinstellung. »Sie« wurde Teil unseres Bewußtseins.

Ich war Direktor für Produktmanagement. Dean Peterson leitete die Sektion Gerätebau in Honeywells Abteilung für Fotoprodukte. Ich erinnere mich an einen Augenblick, in dem Dean nach einer besonders vergeblichen Diskussion nicht weit von seinem

Zeichentisch zwischen uns stand und plötzlich seinen Zeichenstift an die Wand warf, so daß er einen guten Zentimeter tief in einer der Schalldämpfplatten steckenblieb. »Wir müssen etwas anderes machen«, sagte er barsch. »Hier haben wir keinerlei Durchbruch erreicht, nichts, was die Welt auch nur einen Grad bewegt.«

Peterson war ein großes Talent in einer kleinen Abteilung von Honeywell, so als ob Baryschnikow angestellt würde, um Volkstänze zu inszenieren. Dennoch blühte er bei Honeywell auf, weil ihm freie Hand gelassen wurde. Peterson, der bei Kodak die erste Instamatic entworfen hatte, bevor er zu Honeywell wechselte, wurde von Alpträumen geplagt, zum Durchschnitt zu verkommen, und so erging es auch uns.

Zwar sollte eine Kamera entworfen werden, tatsächlich grübelte aber jeder über die Möglichkeit der automatischen Scharfeinstellung. Peterson ließ drei weitere Ingenieure daran arbeiten: Stauffer, Wilwerding und Ogawa. Ich traf mich mit ihnen 18 Monate lang täglich, doch vom übrigen Unternehmen wurden sie absichtlich isoliert gehalten. Schließlich hatten wir eine gute Kamera, da sie aber das Budget um acht Prozent überschritt, ließen wir sie tränenden Auges fallen.

Irgendwann im Laufe dieser anderthalb Jahre fanden wir aber heraus, was das Wesentliche der Scharfeinstellung ist. Keiner von uns erinnert sich an den genauen Moment, es war also weder wie ein aufblitzendes Licht noch eine plötzliche großartige Vision. Es ergab sich in viel Gehirnarbeit und zahllosen Diskussionen.

Scharfeinstellung, so fanden wir heraus, ist nichts anderes als der Augenblick des größten Kontrastes. Es war leicht, den Kontrast zu messen. Dazu waren Belichtungsmesser über die gesamte Bildfläche zu verteilen und die Kontraste zwischen ihnen zu messen. Wenn das Objektiv bei »unendlich« beginnt (graues Bild ohne Kontraste) und dann bis zum Moment des größten Kontrasts bewegt wird, erreicht man die Scharfeinstellung.

Wenn Sie für ein Produkt keine unwiderstehliche Schlagzeile finden, taugt es nichts.

Bei der Aufgabe unserer Kameraentwicklung erkannten wir, daß die automatische Scharfeinstellung immer noch möglich blieb. Um dies noch überzeugender zu beweisen, erkämpften wir uns weitere 85 000 Dollar Forschungsmittel. Wir hatten schon 15 000 Dollar investiert, nunmehr wurden es 100 000 Dollar.

Zur Herstellung eines funktionierenden Prototyps brauchten wir weitere acht Monate. Der Prototyp wurde einer Gruppe beim Vertrieb zugewiesen, die ihn anderen Firmen vorstellte. Jeder Kamerahersteller war interessiert, einige glaubten aber nicht, daß eine kleine zerzauste Bande von Rocky-Mountains-Ingenieuren so etwas Welterschütterndes wie automatische Scharfeinstellung zustande bringen konnte. Viele weigerten sich, Lizenzgebühren zu bezahlen.

18 Jahre später, nach Zeugenaussagen von Peterson, Ogawa, Stauffer, Wilwerding und mir, übermittelte eine dieser Firmen, Minolta, Honeywell einen Scheck über 127 Millionen Dollar geschuldeter Lizenzgebühren. Kodak, Canon, Sony und andere folgten, insgesamt kam fast eine halbe Milliarde Dollar Lizenzgebühren zusammen, kein schlechter Gewinn für eine Investition von 100 000 Dollar.

Es war die größte gerichtlich zuerkannte Lizenzgebührensumme der amerikanischen Geschichte.

Es ist amüsant, an jene Zeit zurückzudenken. Honeywell lebte damals in Angst und Schrecken, das Unternehmen hatte den größten Teil des Markts für Elektronenblitzausrüstung an Vivitar verloren und lief Gefahr, das Pentax-Geschäft einzubüßen. Es gab noch weitere Probleme, beispielsweise einen Diaprojektor, der sich schlecht verkaufen ließ.

Als wir uns anschickten, eine neue Kamera des Typs 110 herzustellen, hatten wir eine neue Regel, die zur Ausrichtung unserer Produktentwicklung hilfreich war: »Bevor Sie auch nur einen Groschen ausgeben, schreiben Sie die Projektankündigung in 25 Worten oder weniger nieder.« Die Hälfte der damals anstehenden Projekte wurde daraufhin abgebrochen. Es ist verblüffend, wieviel dümmliche Entwicklungsarbeit durch diesen Test entlarvt werden kann. Wenn Sie für ein Produkt keine unwiderstehliche Schlagzeile finden, taugt es nichts. Honeywell fand einen neuen

Kompaß, und der führte zur automatischen Scharfeinstellung. Das Ergebnis waren Gewinne von einer Milliarde Dollar.

Wie Sie Ihre Produktentwicklung schärfen

1. Richten Sie Ihre Forschung und Entwicklung straff aus. Schreiben Sie Ihre Ankündigung mit Nennung der spezifischen, einzigartigen Vorzüge. Überprüfen Sie jede Woche bei jedem Projekt Ausgaben, Daten und Fortschritte. Dann gehen Sie den Technikern aus dem Weg. Heben Sie das Projekt in jedem Geschäftsbericht hervor, den Sie herausgeben. Gewinne sind Geschichte. Das neue Produkt ist Ihre Zukunft.
2. Bleiben Sie locker und überprüfen Sie unerwartete Durchbrüche. Entwicklungsarbeit kann und muß planmäßig betrieben werden. Sie kann dabei aber auch zu unvorhergesehenen Nebenergebnissen führen, die kaum jemals durch zielloses Herumstümpern zustande kommen. Honeywells Taschenkamera ging nicht in Produktion, doch die automatische Scharfeinstellung kam von einer geplanten Kamera.
3. Isolieren Sie die Entwicklungsmannschaft. Halten Sie andere Aufgaben oder Ablenkungen von ihr fern. Machen Sie die Karrieren der Beteiligten vom Projekterfolg abhängig. Brechen Sie Projekte ab, wenn wesentliche Zwischenziele nicht erreicht werden.

Kapitel 7

Mehr managen als führen

Drei Männer, drei Automobilhersteller. Zwei Hersteller machten Verluste, einer Gewinne.

Es war Januar 1982 in San Diego, als es mich traf. Gewiß, Detroit ist die »Schlechte-Nachrichten-Bar« der 80er und 90er Jahre gewesen. Nun gehen Sie aber mal mit mir auf meine Spritztour.

Roger Smith, Vorstandsvorsitzender von General Motors, sollte eine Rede vor dem Club der Werbung in San Diego halten. Ich war eingeladen. Draußen unterhielt ich mich mit dem Präsidenten des Clubs, als ein gewaltiger schwarzer Lkw-Anhänger sich rückwärts seinen Weg unter das Vordach des Hilton-Hotels bahnte. An der Seite des gewaltigen schwarzen Anhängers stand in Riesenlettern: »General Motors – Kennzeichen für Spitzenleistung«. Dieses Schlagwort von General Motors hatte ich schon millionenfach gehört und gesehen, aber jetzt nahm ich es zum ersten Mal richtig wahr.

Drinnen hatte eine Gruppe von Technikern bereits eine Lastwagenladung von Audiovisionsausrüstungen entladen und marschierte nun heraus, um sich der zweiten Ladung zu widmen. Der Clubpräsident wandte sich mir mit einem trockenen Lächeln zu und sagte: »Wir wußten, daß Smith schon in Los Angeles reden sollte. Wir wußten, daß Januar in San Diego besser ist als Januar in Detroit. Also versuchten wir es, und, siehe da, zwei Lkw-Ladungen.«

Zwei Lastwagen für eine Rede von einem Mann.

Das Kennzeichen für Spitzenleistung.

Es wurde eine pulsbeschleunigende Präsentation. Rhythmische Trommelschläge und Trompetenstöße ertönten, auf die Projektionswand kam dramatisches Leben. Smith sprach über das neue Saturn-Projekt, die Werbung im kommenden Jahr und wie wunderbar General Motors jetzt, unter seiner Leitung, war.

Smith, einst ein introvertierter Finanzmensch, hielt wahnsinnig gern Reden. Außer den zwei Lkw-Ladungen mit Audiovisionsausrüstungen hatte er noch ein Gefolge von PR-Revolverschnauzen mitgebracht, die viel Geld damit verdienten, überflüssige Anekdoten über ihren Boß zu verbreiten. Die Show stellte den Broadway in den Schatten. Sie wurde aufgezogen, um zu inspirieren, und wir im tanzenden San Diego erstarrten in Ehrfurcht. Wir waren ja in Amerika, und was gut für General Motors ist, ist auch gut für Amerika.

Stimmt's?

Detroit ist auch in Amerika. Das ist es ja eben. Ich war von der Rede beeindruckt. Der Bursche ließ mein Herz höher schlagen, als er über das Projekt des Saturn-Automodells und dessen ungeheuerliches Potential sprach. Er redete 30 Minuten, während auf dieser riesigen, aus Detroit importierten, von Wand zu Wand und von der Decke bis zum Boden reichenden Video-Leinwand professionelle Grafiken und Fotografien zur Illustration jeder Aussage aufblitzten. Das demgegenüber winzige Profil von Smith hielten Scheinwerfer im stummen Auditorium leuchtend erhellt. Oft blitzte auf der Leinwand ein riesiges Saturn-Logo auf. Das war dreidimensionales audiovisuelles Stromliniencharisma.

Ich saß staunend da, doch dann blitzte eine lose Gedankenverbindung in mir auf, wie es bei jedem vorkommt. Ich dachte an Lee Iacocca, Präsident von Chrysler. Er ist weit berühmter als Smith. Ein Führer. Sein Ruhm beruht auf seinen zwei Büchern sowie seinen Starrollen in Chrysler-Fernsehspots und bei der Geldsammlung zur Renovierung der Freiheitsstatue.

In diesem Jahr machten sowohl General Motors als auch Chrysler Verluste. Große Verluste. General Motors entließ 12 000 Arbeiter und verringerte die Bonuszahlungen an die meisten verbliebenen Mitarbeiter. Natürlich nicht die der Spitzenmanager. Diese privilegierte Klasse mit zu versteuernden Einkommen in Millionenhöhe erhielt weiter Bonuszahlungen für ihre gute Arbeit. Das Geld schien für die Hilfe bei der Durchsetzung der Strategie von Smith gezahlt zu werden. Für was sonst? Etwa für Resultate?

Es gab einen Konzernchef, der dieses Jahr in Detroit blieb, Donald Peterson, der nie ein Buch geschrieben hat und in keinem Werbespot auftauchte. Er versuchte auch, keine Reden zu halten, und wenn er es tat, dann zumeist in Detroit. Seine Reden waren ein Mittel gegen Schlaflosigkeit. Peterson war bescheiden und mied das Rampenlicht. Er wollte zuallererst bessere Autos und nahm an, daß dem Gewinne folgen würden. Sie haben noch nie von Donald Peterson gehört? Er war Vorstandsvorsitzender von Ford.

Seine Grundüberzeugung war einfach. Er sagte seinen Entwicklungsingenieuren, sie sollten sich nicht um Gewinne kümmern und stattdessen Autos entwickeln, die sie gern in ihren eigenen Einfahrten sehen würden. Ford hatte auch ein Schlagwort: »Qualität ist die Aufgabe Nummer eins«. Und nach den meisten Maßstäben übertraf die Qualität von Fords Modellen bald die der Fahrzeuge von General Motors und Chrysler. Übrigens galt das Gleiche für die Gewinne, da gab es keine Kontroverse.

Führung verführt, Management ist Arbeit.

Peterson ging in Pension und wurde von einem anderen zupackenden Mann abgelöst, von dem Sie noch nie gehört haben, Red Poling. Und 1992 wurde Polings neuer Taurus zum meistverkauften Auto in den USA. Auf Poling folgte ein dritter Mann, von dem Sie noch nie gehört haben, Alex Trotman, der den Spitzenplatz des Taurus verteidigte und Ford zu Rekordgewinnen führte. Während Ford blühte und gedieh, den Taurus und den Sable einführte, gute Autos, die Rekordgewinne einfuhren, wankten General Motors und Chrysler und verloren riesige Summen und Dutzende von Werken.

Die betrügerischste aller Kunstfertigkeiten ist Führung ohne Management – das wurde an dem Tag, an dem Roger Smith seine überkandidelte Reiseshow abzog, überdeutlich. Wie ein Firlefanz-Hausierer spann er sein Seemannsgarn über die glorreiche Unternehmenskultur von General Motors und deren Erfolg. Doch natürlich waren das leere Versprechen ohne Konsequenzen. Das Schrecklichste ist, daß er wahrscheinlich glaubte, was er sagte. Er war isoliert und wußte offensichtlich nicht, daß nur Führung durch eigenes Beispiel funktioniert.

Führung ist nötig, aber Führung verführt – sie massiert das Ego. In sehr kleinem Maßstab habe ich selber davon gekostet. Zulieferer, Kunden und Mitarbeiter, die es hätten besser wissen sollen, wurden mir gegenüber lächerlich unterwürfig, als ich Chefmanager verschiedener Unternehmen war. Meine Witze blieben so schlecht wie früher, aber das Gelächter meiner Zuhörer wurde lauter. Es ist leicht, die richtige Perspektive zu verlieren.

Management ist Arbeit. Management ist Zuhören und Probleme ausgraben.

Eine Auswahl von Chefmanagern großer und kleiner Unternehmen fragte ich einmal, was sie lieber machen: eine Rede vor neuen Mitarbeitern halten oder an Verhandlungen mit Kunden teilnehmen. Die Bosse von Großunternehmen zogen die Rede vor, die Chefs von kleinen Firmen wollten lieber verhandeln. Wie ich es sehe, neigen große Unternehmen dazu, Leute zu entlassen, kleine Firmen erledigen eine Menge Arbeit, wachsen und stellen Leute ein.

Führer schinden Eindruck, sie schielen nach den Wünschen der Massen. Manager inspirieren weniger und erreichen mehr. Wieviele große japanische Unternehmensführer kennen Sie dem Namen oder dem Gesicht nach? Wie sind sie persönlich? Es gibt nicht viele, die Massen inspirieren. Sie sind zu sehr damit beschäftigt, ihre Unternehmen zu managen. Sie arbeiten. Sie wissen, wie die Wirtschaft wirklich funktioniert.

Wie Sie verhindern, daß die Verpackung die Produkte verbirgt

1. Ein Mitarbeiter, der Ihnen immer zustimmt, ist überflüssig. Ersetzen Sie ihn oder sie durch jemanden, der oder die etwas beizutragen hat.
2. Vermeiden Sie Reden, die dem Geschäft nichts bringen. Wenn Sie reden müssen, sprechen Sie zu kleineren Gruppen, so daß Sie Fragen stellen und zuhören können. Zuhörer gewinnen, Dauerredner verlieren.
3. Wenn Sie die Wahl zwischen der Lösung eines Konflikts mit Arbeitnehmern und einer Zusammenkunft der Industrie- und Handelskammer haben, reden Sie mit den Arbeitnehmern. Wenn ein verstimmter Kunde Sie sprechen will, sagen Sie das Mittagessen mit dem Lieferanten ab. Vor die Wahl zwischen symbolischen Handlungen und Arbeit gestellt, arbeiten Sie. Das ist symbolisch per se.

Kapitel 8

Den Kunden kennen

State of the Art Software war ein neues Unternehmen, als 1982 die Softwareumsätze rasant emporschnellten. Es stellte Buchhaltungssoftware her, kam in seinem ersten Jahr auf einen Umsatz von einer Million Dollar, im zweiten auf drei und im dritten auf zehn Millionen Dollar. Davon waren in allen drei Jahren unerhörte dreißig Prozent Gewinne.

Franklin Press druckte die Handbücher und Dokumentationen für die Software und wurde von State of the Art ständig bedrängt, sich um deren Sofortaufträge zu kümmern und alles andere sein zu lassen.

An einem späten Freitag Nachmittag herrschte die entschlossene Einkäuferin von State of the Art, Polly, die Verkaufsvertreterin von Franklin Press an: »Karen, wir brauchen das Montag.« Pollys Augen funkelten. »Montag. Punkt.«

»Wenn Sie uns aber wenigstens eine Woche Zeit geben, können wir Ihnen die Hälfte der Kosten ersparen«, flehte Karen. Doch Karen kam damit nicht durch. Es waren die opulenten 80er Jahre, und Software war chic, wie auch das Leben. State of the Art hatte zeitgemäße gläserne Büros und im Foyer eine wirbelnde moderne Skulptur, die wie eine neue Idee zu explodieren schien. Die Gründer strotzten vor Energie und Entschlossenheit. Sie arbeiteten sechs Tage in der Woche vierzehn Stunden täglich. Sonntags genossen Sie das Leben in Extravaganz.

Der Chefmanager war besonders abgehoben. Neureich, wollte

er seine Jugend zurückerobern. Er heuerte einen Privatdetektiv an, um der Nostalgie auf die Spur zu kommen. Der Detektiv fand genau das kastanienbraune 1959er Ford-Fairlaine-Modell, in dem der Chef in seinen letzten Schuljahren herumgezogen war. Er kaufte das alte Gefährt, ließ es renovieren und im Lagerhaus der Firma als Schrein seiner Jugend aufstellen.

»He, Sie kapieren nicht«, sagte Polly, die Einkäuferin, zu Karen. Trotz ihrer winzigen Figur konnte sie bis durch die nächsten zwei Betonwände durch gehört werden. Sie hatte zerzaustes Haar und trug kein Make-up. Sie sah robust aus, handelte robust und war robust – eine Absolventin der Handelsstraßen New Yorks. »Diese Tinte und Papier kosten uns acht Dollar pro Exemplar. Mit der Diskette verkaufen wir das für 500 Dollar und bekommen Nachbestellungen. Acht Dollar sind nichts. Ich kann mir nicht einen Tag Verspätung leisten, um vier Dollar zu sparen. Wir brauchen es jetzt!«

Kunden handeln oft für den Augenblick, ohne an ihre längerfristigen Bedürfnisse zu denken. Manchmal begreifen sie nicht, was sie sich antun.

Die Lieferung kam am folgenden Montag. Franklins Buchbinderei arbeitete von Samstag früh bis Sonntag abend durch. Der Kunde bezahlte hundert Prozent zuviel und war glücklich. Aber Karen kam nächste Woche zu einem zweiten Anlauf wieder. Sie hatte das nicht nötig, und manche Arbeitgeber hätten es auch nicht gutgeheißen. Sie hätten das Extrageld genommen und wären damit davongelaufen. Sie hätten es falsch gemacht.

Karen sagte zu Polly: »Ihr verdient eine Menge Geld, aber wir liefern Euch in einem Durchschnittsmonat Drucksachen für 12 000 Dollar. Wenn Sie nur an jedem Montag fünf Minuten lang mit mir abschätzen würden, wieviel Sie am nächsten Montag brauchen, kann ich Ihnen monatlich 6000 Dollar Eilgebühren ersparen.«

»Aber ...«

»Schauen Sie mal. Ich weiß, Sie erhalten Nachbestellungen und machen riesige Gewinne. Aber in nur fünf Minuten wöchentlich können Sie *sechstausend* Dollar monatlich sparen. Das ist kein Nichts.«

Trotz ihrer Schroffheit begriff die Einkäuferin. Eine weniger tüchtige Verkäuferin hätte sich nicht darum geschert. Aber Karen kümmerte sich um die Interessen der Kunden, selbst wenn die es nicht taten.

State of the Art wurde schließlich einsichtig und straffte seine Bestellungen. Der Softwareumsatz stieg weiter und die Gewinne noch stärker. Das Unternehmen ging 1990 an die Börse. Polly war von einer Entlassungswelle verschont geblieben, die der Firma von der Rezession 1984 aufgezwungen worden war. Sie hätte vielleicht ihren Job verloren, wenn sie ihre saloppen Einkaufspraktiken beibehalten hätte. Statt dessen verdiente sie mit Aktienoptionen weiter Aktien, die eine Viertelmillion Dollar wert wurden.

Zur Zeit des Vorfalls mit Polly war State of the Art berauschend erfolgreich, und so auch Polly. Doch weder sie noch das Unternehmen waren so verblendet vom Erfolg, daß sie nicht auf den vernünftigen Rat einer Verkaufsvertreterin gehört hätten.

State of the Art blieb erfolgreich, sogar in harten Zeiten, weil die Mitarbeiter zum Zuhören bereit waren. Das Unternehmen ist jetzt das einzige börsennotierte für Buchhaltungssoftware auf PC-Basis. Es steigerte seinen Umsatz 1992 auf 30 Millionen Dollar und erzielten einen Gewinn nach Steuern von zehn Millionen Dollar.

Auch Karen machte Karriere. Innerhalb von drei Jahren wurde sie es satt, Verkaufsvertreterin für Drucksachen zu sein, und gründete ihre eigene Maklerfirma, die viele Druckereien vertritt und die früheren Kunden bedient.

Viel von Karens Erfolg beruht auf altmodischer Betriebsamkeit. Sie besuchte ihre Kunden öfter, als es die Konkurrenten taten. Dadurch erfuhr sie mehr über ihre Kunden und deren Bedarf. Sie verstand das Druckereiwesen und begriff die Geschäfte ihrer Kunden oft besser als die Kunden selbst. Sie hatte gelernt, nie den Mund zu halten, und wußte, daß ein Kunde manchmal Unrecht hat.

Kunden handeln oft für den Augenblick, ohne an ihre längerfristigen Bedürfnisse zu denken. Manchmal wissen sie nicht, was sie sich antun. Man muß seine Kunden besser kennen als diese sich selbst, damit man ihre tieferen Bedürfnisse befriedigen kann, ohne sie zu verletzen.

Wie Sie Ihr Verkaufspersonal davor bewahren, an Erfolgen zu ersticken

1. Nichts adelt einen Lieferanten mehr als Ausnahmeservice in Dringlichkeitsfällen. Sie müssen das tun, um Schaden von Kunden abzuwenden. Dafür müssen sie aber Extrageld bezahlen, denn nichts bringt einen Lieferanten schneller um als überlegener Service, ohne ihn angemessen in Rechnung zu stellen. Viele sehen einen Service nicht als Sonderleistung an, wenn der Preis nicht entsprechend ist.
2. Unterlassen Sie alle Preisabschläge für schäbige Ware oder unzulänglichen Service. Ersetzen Sie die Produkte oder leisten Sie den Service noch einmal, und tun Sie es richtig. Kunden, die sich über Rabatte für schlechte Waren oder lausigen Service freuen, sind tödlich.
3. Halbieren Sie Ihren Provisionstarif. Gewähren Sie dafür Bonusvergütungen auf Basis von Kundeninterviews, Wiederholungskäufen und aus dem Rennen geworfenen Konkurrenten. Das ist schwer zu handhaben, aber die resultierenden Auseinandersetzungen sind relevanter, als Sie es jemals erlebt haben.

Kapitel 9

Billig einkaufen

Bei der Ausschreibung zum Bau von Ersatzprellböcken aus Urethan zum Schutz der Kais des Hafens von San Pedro, Kalifornien, war Frank March seinen Konkurrenten mit seinem Gebot bereits um 77000 Dollar voraus. Der Fabrikleiter von March im US-Staat Virginia hatte gerade bei einer Konkursversteigerung einen Urethanzerstäuber für 5000 Dollar erworben. Inbegriffen waren ein funktionierender Motor, allerlei Vorrichtungen, einige rostige Rohre und ein paar geborstene Schläuche. March gab noch 3000 Dollar für Rostentfernung und Ersatzschläuche aus. Für die insgesamt 8000 Dollar funktionierte danach alles wie neu.

Alle Konkurrenten hatten blitzend neue Zerstäuber, aber für 85000 Dollar. Sie hatten keinen Rost oder geborstene Schläuche bekommen, aber Frank March bekam einen Anfangsvorsprung von 77000 Dollar. Das gesamte Projekt von San Pedro wurde an die Firma von March, Seaward International, vergeben. Alle anderen Bieterfirmen fanden weniger Arbeit und höhere Zahlungen für die teuren, funkelnden Zerstäuber.

March ist einer jener Menschen mit vollkommen logischer Lebensausrichtung. Schon bevor er in dem weltweit gleichen jährlichen mathematischen Eignungstest für die Zulassung zu US-Hochschulen die höchste erreichbare Punktzahl von 800 erzielte, wußte er, daß Wissenschaft, Geschäfts- und sonstiges Leben logisch ablaufen. Er studierte am Massachusetts Institute of Technology, wurde dort Präsident seines Jahrgangs, beriet den studentischen Genossenschaftsladen an der benachbarten Harvard-Universität und schloß sein Studium mit einem Bachelor in chemischer Verfahrenstechnik und einem Diplom in Ozeanographie ab. Seine Richtung war festgelegt – der chemische Ingenieur in ihm ließ ihn chemische Erzeugnisse für den Ozeanographen in ihm herstellen. Für March geht die Logik schnurgeradeaus.

Beispielsweise summieren sich Ersparnisse bei Ausrüstungen auf zwei Prozent jährlich. »Das ist ein Ziel, und wir haben es erreicht, jedes Jahr auf neue Weisen«, sagte March. Schiffsprellböcken sieht man nicht an, wie schwer sie zu konstruieren sind. Noch schwerer ist es, sie zu verbessern. Um sowohl die Schiffe als auch den Kai zu schützen, ist eine perfekte Kombination von Schwimm- und Rückfederkraft ohne Dauerbiegeermüdung nötig. Der Prellbock muß genug nachgeben, um zu schützen, ohne soviel nachzugeben, daß er vorzeitig abbröckelt. Bestimmte patentgeschützte Kombinationen variierender Urethanschichten machen die Prellböcke von Seaward effektiver als irgendwelche anderen, und erfahrene Seeleute wissen das.

Das Problem bei der Buchführung ist, daß überhöhte Ausgaben kapitalisiert werden können, so daß sich der Schaden erst nach Jahren herausstellt.

Das Geld, das Seaward mit dem Kauf gebrauchter und aufgegebener Anlagen sparte, wurde in Fortschritt investiert – in Fabrikautomation. In einer Branche, die sich noch weitgehend auf Handarbeit, auf billige Arbeitskräfte verließ (zahlreiche Firmen beschäftigten ungelernte Gastarbeiter), mit unsteten Resultaten, ist Seaward computerbetrieben und automatisiert.

March kümmert sich überall um alles. »Den größten Teil des Jahres verbringen wir damit, die Schneidemaschine zu programmieren, die Urethanlagen genau für jede Prellbockgröße passend schneidet«, sagte er, »das ist eine Jahresarbeit, die sich lohnt. Wir verwenden jetzt 50 Prozent mehr von dem, was wir früher verschrotteten. Das ist eine Ersparnis von drei Prozent. Ein dreipro zentiger Preisvorteil bringt uns zehn Prozent mehr Umsatz. Das geht einfach weiter und weiter, wie sich Kostensenkungen in Gewinne verwandeln. Die zehn Prozent größeren Umsatzmengen lassen uns die Urethanpreise weiter herunterhandeln.« Es ist wunderbar zu beobachten, wie die Kosten sinken, während Mengen und Gewinne steigen. Es ist ein Perpetuum mobile.

Die wenigen Kunden, die Seaward von innen kennengelernt haben, rieten Konkurrenten, aus dem Geschäft auszusteigen. Die meisten befolgten den guten Rat. Einige, wie Yokohama, placken sich weiter, hinken aber hoffnungslos hinterher. Yokohama, DuPont und andere haben neue Zerstäuber. Einige haben auch neue Gebäude. Aber Seaward hat neue Kunden.

March ist klug genug, um zu wissen, daß Geld Geld ist – nicht etwas, mit dem man buchhalterisch spielt. Das Problem bei der Buchhaltung ist, daß überhöhte Ausgaben für Ausrüstungen oder Übernahmen kapitalisiert werden können, so daß sich der Schaden erst nach Jahren über dann nicht verdiente Abschreibungen herausstellt. Wenn Sie hören: »Das ist o. k., wir kapitalisieren es einfach«, wissen Sie, daß dies von einem ungesunden Management kommt, das Kosten mit legalen Buchhaltungstricks verschleiert.

Wie Sie Ihre Kosten gering halten

1. Schaffen Sie nie neue Ausrüstungen an, wenn deren Produktivität je ausgegebenen Dollar nicht höher ist als die von gebrauchten Maschinen oder Geräten. Kaufen Sie nicht einmal Gebrauchtes, wenn dessen Leistung billiger von externen Quellen bezogen werden kann.
2. Erkunden Sie für jedes Produkt und jedes Zubehörteil, das Sie herstellen, und für jeden Service, den Sie bieten, ob Sie das billiger extern beschaffen können. Wenn ja, hören Sie auf, es selber zu machen. Die Eigenleistung bedeutet nicht, daß Sie »die Kontrolle darüber behalten«. Wenn Sie es billiger beziehen als selber machen können, haben Sie die »Kontrolle« über das Ver-

fahren längst verloren. Als Nächstes werden Sie Kunden verlieren, wenn Sie es weiter selbst machen.

3. Übernehmen Sie nie eine Firma, wenn Sie nicht absehen können, daß sich deren Kaufpreis innerhalb von fünf Jahren aus den Gewinnen der übernommenen Firma wieder einfahren läßt. Es gibt mehr Übernahmen, die fehlschlagen, als solche, die erfolgreich sind. Die inhärente Ineffizienz der Vermischung von Betrieben zu einer verschwommenen Masse ist ein Grund für Mißerfolge. Der Hauptgrund für Fehlschläge von Übernahmen ist jedoch, daß der Käufer einfach zuviel bezahlt hat.

Kapitel 10

Teuer verkaufen

Es war eine Zeit zum Zähnezusammenbeißen.

Ein Jahr zuvor hatte Smiley Industries, damals unter meiner Leitung, den Auftrag bekommen, einen Teil des Getriebegehäuses für den Apache-Hubschrauber zu bauen. Hauptlieferant des Apache war McDonnell Douglas. Sie vergaben den Unterauftrag an uns.

Wie bei allen Staatsaufträgen ging es auch hier um Politik und Bürokratie. So war schon der Grund der Ausschreibung politisch. Zunächst gab es einen Lieferanten für alle drei Gehäuseteile. Um aber den Wohlstand auf mehr Wahlkreise zu verteilen, wurden dann die drei Teile separat ausgeschrieben. Das war sinnvoll – politisch.

In der Praxis machte es das Leben sauer. Der bisherige Hersteller aller drei Teile hatte die Flexibilität zu mischen und anzupassen, solange es nur funktionierte. Jetzt aber mußte jeder Unterlieferant jedes Teil haargenau nach Spezifikationen herstellen. Das klingt fair. Sie hätten aber mal die Spezifikationen sehen sollen.

Es war demütigend. Vielleicht hätte eine schlauere Mannschaft das durch intensiveres Nachdenken beim Studium der Entwürfe herausbekommen. Es gab aber noch viele andere dämliche Mitbewerber um diesen Job.

Was uns aus der Bahn warf, war die Verwendung einer ungewöhnlichen Legierung – Titan, Nickel und Stahl – in einer größeren Form als üblich. Wenn wir diesen größeren Teil maschinell mit einer wirtschaftlichen Geschwindigkeit bearbeiteten, entstanden Schwingungen, die es unmöglich machten, Ausmaße innerhalb der verlangten Toleranz von einem Zehntausendstel Zoll zu erreichen. Bei wirtschaftlichen Bearbeitungsgeschwindigkeiten verursachten die Schwingungen verschlissene und blättrige Oberflächen, die den Spezifikationen nicht entsprechen konnten.

Je verbissener wir es versuchten, desto mehr verzettelten wir uns. Wir gerieten vier Monate in Rückstand und damit in finanzielle Atemnot. Wir hatten noch keine Lösung des Problems gefunden, hielten es aber für lösbar. Schließlich hatte ja jemand vor uns diese Teile gemacht. Da er aber alle Teile machte, konnte er leicht von der Norm abweichende Teile austauschen, bis sie zusammenpaßten. Ein solcher Luxus stand uns nicht zur Verfügung.

Einmal besuchte uns ein hohes Tier von McDonnell Douglas, den ein Schwarm von Managern mit Klammerkladden begleitete. Er klagte uns sein Dilemma und machte uns dafür verantwortlich. »Herr Sutton«, sagte er, »40 Prozent der NATO-Hubschrauber können nicht starten, weil Sie Ihre Lieferung nicht geschafft haben.« Er hatte Recht. Wir hatten es nicht geschafft zu liefern.

Er vergaß natürlich zu erwähnen, daß der vorige Lieferant die Spezifikationen auch nicht einhalten konnte, er sagte kein Wort über das ganze Verfahren. Wir mußten sehen, wie wir anders zurechtkamen.

Schließlich schafften wir es, aber es war wenig hilfreich. Es überzeugte uns nur davon, daß wir ein schlechtes Angebot unterbreitet hatten. Allerdings begriff McDonnell Douglas wahrscheinlich auch nicht, was geschah. Sie waren nur frustriert und zornig. Sogar uns erschien Ihre Haltung gerechtfertigt.

Nach zwei weiteren Monaten des Herumfummelns und Fluchens fanden wir schließlich eine angemessene Lösung. Wir verwendeten ein schärferes Schneidewerkzeug mit einer höheren Geschwindigkeit. Es dauerte einige Zeit, bis wir die genaue Geschwindigkeit herausgefunden hatten. Wir setzten den »Biß« zu einem dünneren Schnitt an, dann hatten wir einen Satz Gewichte an bestimmten Teilen jedes Stücks festzuklemmen, während wir es bearbeiteten. Das dämpfte die Schwingungen. Es funktionierte, aber es gab ein Problem. Ein sehr gewichtiges Problem. Dieses neue Verfahren kostete doppelt soviel wie in unserem Angebot aufgeführt.

Wir gingen zu McDonnell Douglas und erklärten das Problem. »Was sollen wir also tun?« fragte uns der leitende Angestellte von McDonnell Douglas. »Sie haben keine Wahl«, sagte ich, »Sie müssen unseren Stückpreis verdoppeln.« Seine Augen traten hervor. Ich fuhr fort: »Ihre Alternative wäre, jemand anders zu beauftragen.«

»Sie sind sich bewußt, daß Sie einen bindenden Vertrag haben«, stellte er fest. Ich nickte. »Ja«, sagte ich, »und wir haben alles Menschenmögliche gemacht, ihn zu erfüllen. Gemeinsam sind wir auf ein Problem gestoßen, von dem wir nicht wußten, daß es bei diesem Teil bestand. Es ist weder Ihre noch unsere Schuld. Aber es ist ein Problem. Ein wesentliches Problem. Und wir haben herausgefunden, wie wir daraus ein besseres Teil machen können, als Sie es jemals vorher hatten. So ist es erstmals wirklich austauschbar. Das wird Ihre Reparaturkosten vor Ort drastisch verringern. Leider können wir das nicht zu den Bedingungen unseres Vertrags machen. Wir bedauern das, aber es ist ein so großer Auftrag, daß wir in Konkurs gehen würden, wenn wir versuchen würden, den Vertrag so zu erfüllen wie er ist. Wenn Sie uns zwingen wollten, hätten Sie es demnächst mit einem Konkursverwalter zu tun, wenn Sie ein Ersatzteil für die NATO bekommen wollen.«

Es war ein Kampf, jeden zu der Einsicht zu bringen, wieviel zu niedrig der Preis für die Teile war. Es gab eine natürliche und doch irrationale Angst, den Auftrag zu verlieren.

McDonnell Douglas gab nach. Sie willigten sogar in einige Vorauszahlungen zur Deckung der bereits durch das Problem verfeuerten Kosten ein. Es ging gut aus. Das Projekt überlebte, Smiley produzierte bessere Teile mit fairem Gewinn, und die NATO-Streitkräfte blieben einsatzbereit.

Doch die größere Bedeutung der Geschichte lag in der richtigen Schlacht. Bei Smiley war es ein Kampf darum, jedermann zur Einsicht zu bringen, wieviel zu niedrig die Preise dieser Teile waren. Es gab eine natürliche und doch irrationale Furcht, den Auftrag zu verlieren. Es mangelte an Verständnis dafür, daß wir unser gesamtes Geschäft verlieren würden, wenn wir den bestehenden Vertrag einhielten. Mit viel gutem Zuspruch tat McDonnell Douglas das Richtige, so daß Smiley Industries der Konkurs erspart blieb.

Die Preissteigerung war fair und korrekt, wenn aber Arbeitnehmer oder Management hätten abstimmen sollen, wäre das Vorgehen wahrscheinlich bescheidener geworden. Das Ergebnis eines bescheideneren Vorgehens wäre vielleicht gewesen, daß McDonnell Douglas das Problem nie ganz verstanden hätte. Wenn Smiley geschlottert und versagt hätte, hätte McDonnell Douglas das gleiche Problem ein zweites Mal mit einem anderen unglücklichen Bieter bekommen. Und Apache-Hubschrauber wären im Kampf, ohne austauschbare Teile in Produktion zu bleiben, von katastrophalen Reparaturproblemen betroffen worden.

Preiserhöhungen sind oft notwendig. Sie erzwingen gründliche Untersuchungen, was gesund ist. Es ist nicht immer angenehm, aber nichts bringt die Realität so schnell an den Tag wie ein Problem.

Wie man faire Preise schafft

1. Erhöhen Sie für jedes Produkt und jeden Service, an dem Sie nichts verdienen, die Preise um zehn Prozent. Warten Sie ab, was geschieht. Mit den Leistungen, für die Ihnen zu den höheren Preisen genug Kunden die Treue halten, verdienen Sie jetzt Geld.
2. Bieten Sie die durch Kundenschwund ausgeschiedenen Waren und Dienstleistungen mit einem Preisnachlaß von 25 Prozent an. Schauen Sie, ob die Mengennachfrage jetzt so steigt, daß Sie Gewinne erzielen. Oft ist das nicht der Fall, dann stoppen Sie die Leistung.

3. Versüßen Sie die Preiserhöhung. Ein Stückchen Konfekt auf dem Kopfkissen macht ein zu teures Hotelzimmer etwas akzeptabler. Ihre Kunden sind zwar nicht dumm, aber es ist unhöflich, es ihnen nicht zu erleichtern, eine Preiserhöhung zu schlucken.

Kapitel 11

Das Personal persönlich nehmen

Pacific Design Center hatte ein riesiges Potential und beste Chancen als Hersteller von Exponaten für Messen und Schaufenster. Es war das größte Zentrum für Entwurf und Produktion von Schaustücken an der US-Westküste, doch seine Rentabilität war weniger als mittelmäßig.

Die Personalabteilung von Pacific Design Center war groß und erdrückend. Als ich Chefmanager des Unternehmens wurde, gab es neun ganztägig arbeitende Leute in der Personalabteilung, die alle soviel Zeit hatten, daß sie jedem und jeder im Betrieb in die Quere kommen konnten.

Zum einen gab es da das Manager-Handbuch, ein enzyklopädisch aussehendes Ding mit fachchinesischem Text in rot-weiß-blauem Einband. Wahrscheinlich war ein Ausschuß Tage damit beschäftigt gewesen, die Einbandfarben auszuwählen. Der Text war mäkelig, kleinkariert und voller aufdringlicher, sich selbst ad absurdum führender Anweisungen, wie Mitarbeiter und Manager »zu motivieren« seien. Es gab kaum etwas in diesem Seitenhaufen, das irgend etwas mit den Aufgaben von Pacific Design Center zu tun hatte.

Zum anderen waren da die Bewertungsbögen – acht Seiten unwichtigen neugierigen Gefasels, das ebenfalls so gut wie nichts mit Aufgaben oder Resultaten der Firma zu tun hatte. Für jeden der 500 Beschäftigten des Unternehmens mußte jeder Vorgesetzte einmal jährlich einen Bewertungsbogen ausfüllen. Das waren 4000 Seiten, mit denen nichts gewonnen wurde.

Vierteljährlich hielt die Personalabteilung Halbtagsseminare für andere Manager ab, in denen die Manager belehrt wurden, wie man besser managt. Das waren für jeden Manager zwei nutzlos verschwendete Arbeitstage pro Jahr.

Die neun Personalleute hatten so wenig zu tun, daß sie Studien suchten und fanden, die beweisen sollten, neun Personen in der Personalabteilung seien für eine Firma mit 500 Beschäftigten normal. Wer hatte sich diese Studien abgemüht? Natürlich die American Personnel Association. Die und ihre Mitglieder profitierten davon.

Trotz aller Handbücher, Seminare und Bewertungsbögen kippte einen Monat nach meinem Arbeitsantritt ein Gabelstapler um und zerstörte das Exponat einer Baufirma für die Haus- und Gartenausstellung. Einige Wochen später verlor ein Arbeiter die Kontrolle über seine Säbelsäge und trennte damit einen Nerv in seinem Handgelenk ab.

Es gab noch mehr Probleme. Fünf Gewerkschaften waren in der Firma aktiv, was allein schon zeigt, wie die Arbeitnehmer über das Management dachten. Zahlreiche Mitarbeiter wurden anscheinend von der »Montag-Morgen-Grippe« heimgesucht, und drei Viertel aller Anträge auf Kompensationszahlung und Freistellung wegen Arbeitsunfällen wurden am Montag morgens vor 10 Uhr gestellt. Das bewies, daß viele, die am Montagmorgen hereinschauten, auch nicht arbeiten wollten, und daß ein großer Teil der Anträge ungerechtfertigt war.

Wenn man nur umherging und die Augen offenhielt, vor allem in den Toilettenräumen, erkannte man, daß es ein Drogenproblem bei Pacific Design Center gab. Man konnte Dinge spüren, sehen, hören und manchmal riechen, die unsere Manager nie wahrnahmen, weil sie zu sehr damit beschäftigt waren, Formulare für die Personalabteilung auszufüllen.

Der Tropfen, der das Faß zum Überlaufen brachte, kam nach zwei Monaten meiner Tätigkeit bei der Firma. Wir hatten ein Managertreffen in meinem Büro, bei dem ich einen Überblick über den Stand der Dinge in allen Abteilungen gewinnen wollte. Als die Personalchefin an der Reihe war, brach aus ihr hervor: »Es gibt so viel Leid da draußen.«

In ihrer Körpersprache verwendete sie etwa drei der wichtigsten Cheerleader-Posen. »Wir haben angefangen, zur Mittagszeit anonyme Treffen mit Leuten zu arrangieren, die persönliche Probleme haben. Alle und jegliche Arten von Problemen. Da draußen gibt es Leute, die leiden. Gerade gestern hatten wir zwei, die weinten.«

Sie ging ganz darin auf. Je mehr Depression, desto besser. Wir hörten ihr zu und änderten einiges. Eine der besten Veränderungen, die wir einführten, war die Verkleinerung der Personalabteilung von neun auf fünf Mitarbeiter.

Plötzlich mußten Manager wieder managen. Wenn ein Mitarbeiter nicht genug leistete, hatte der Vorgesetzte das mit ihm vor der nächsten Gehaltsüberprüfung zu erörtern, statt es zu übersehen und später der Personalabteilung die Schuld an einer kleinen Erhöhung des Salärs zu geben. Und plötzlich hatten die fünf verbliebenen Mitarbeiter in der Personalabteilung genug zu tun, ohne andere zu stören. Das Geschäft begann zu florieren. Manager und Mitarbeiter gingen ehrlich miteinander um, und Gehaltserhöhungen waren keine Geheimangelegenheit mehr.

Wir haben die Leute aus der Personalabteilung nicht gefeuert, sondern fanden Aufgaben für sie, bei denen sie produktiv sein konnten – in Verkauf und Herstellung. Sie waren nicht faul, sie hatten nur eine verhängnisvolle Neigung zu Formularen, Vorträgen, Organisationscharts, Titelstrukturen und Namensbeschilderungen. Sie änderten sich, sowie sie eine sinnvolle Aufgabe erhielten.

Erlassen Sie nicht jedes Mal, wenn jemand etwas vermasselt, eine neue Regel.

Sechs Monate später konnten jeder und jede in Management- und Aufsichtsfunktionen sehen, daß die Entscheidung zur Verkleinerung der Personalabteilung richtig war. Noch einmal sechs Monate später verringerten wir die Zahl der Mitarbeiter in der Personalabteilung um weitere zwei auf drei. Und alles wurde noch besser.

Die Produktivität stieg sprunghaft an. Die Kosten vergleichbarer Arbeit sanken gegenüber dem Niveau des Vorjahrs um durchschnittlich zehn Prozent. Die Ersparnisse durch Produktivitätssteigerungen machten in diesem einen Jahr 850000 Dollar aus. Allerdings verlor Pacific Design Center eine Reihe von Gerichtsverfahren wegen diverser Vertragsverletzungen, was uns 45000 Dollar kostete. Für die 850000 Dollar haben wir das gern verschmerzt.

Wenn Sie sich eine Abteilung leisten, die Managern sagen soll, wie sie zu managen haben, sagen Sie Ihren Managern automatisch, sie sollen weniger managen. Sie verteilen die Verantwortung. Tun Sie das nicht. Geben Sie den Leuten mehr Freiheit. Lassen Sie die Manager managen und einige Fehler machen, das ist gut für sie und das Unternehmen. Erlassen Sie nicht jedes Mal, wenn jemand etwas vermasselt, eine neue Regel. Hüten Sie sich vielmehr vor dem Mitarbeiter, der nie einen Fehler macht. Es hat etwas für sich, zu lernen, Risiken einzugehen.

Wie Sie Ihre Produktivität steigern

1. Halbieren Sie die Mitarbeiterzahl Ihrer Personalabteilung und beschäftigen Sie die Betroffenen anderswo in der Firma, denn das Wachsenlassen der Personalabteilung war Ihr Fehler.
2. Machen Sie in einem Jahr das Gleiche noch einmal. Ja, das geht, und ja, alles wird dann noch besser.
3. Schaffen Sie mit Ihren Arbeitnehmern ein Grundverständnis dafür, wie ihre Leistungen belohnt werden. Die Niederschrift dieser Unternehmensphilosophie muß von allen verstanden werden und darf nicht zu Regeln oder Formeln ausarten. Machen Sie es zu einem klaren Manifest, das jeder Firmenneuling in die Hand bekommt. Formen Sie gemeinsam den Rahmen, innerhalb dessen jeder Mitarbeiter unabhängig urteilen und handeln kann.

Kapitel 12
Produktive Mitarbeiter suchen

Im Juli 1963 wurde Jim Kennedy von George Van Auken, Eigentümer von Franklin Press in San Bernardino, Kalifornien, für einen Tag angestellt, um 500 Bündel Versicherungsbroschüren zu einem Kunden zu fahren, der etwa eine Stunde entfernt in Anaheim ansässig war. Damals war Kennedy 20 Jahre alt – für Van Auken ein junger Spund.

Nachdem Kennedy seinen roten Lieferwagen vorgefahren hatte, unterhielt sich Van Auken kurz mit dem jungen Mann über den Auftrag, dann beluden die beiden den Lieferwagen. Van Auken schuftete schwer, er schleppte Bündel herbei und stapelte sie hinten im Wagen. Doch Kennedy lud doppelt so viele Bündel und war dabei äußerst gründlich, er stapelte die zweite Reihe so exakt, daß sich die Ladung nicht verschieben konnte. Dabei war er die ganze Zeit überschwenglich, unterhielt sich ständig fließend, manchmal nur mit sich selbst, und verwendete neben seinen Stimmbändern auch Augen und Hände zum Gespräch. Er war angenehm unterhaltsam.

So fragte Van Auken ihn, wie lange er schon für seinen Lieferdienst arbeite. »Etwa zwei Jahre«, antwortete er, wobei er immer noch arbeitete, nur ein klein wenig langsamer wurde, als er zurückfragte: »Warum?«

»Nun, würden Sie gern im Druckereigewerbe arbeiten?«

»Ist das ein Angebot?«

»Ja.«

Van Auken begründete das so: Jeder, der so hart und so gut arbeitet, kann für mich arbeiten. So fuhr Jim Kennedy die Ladung nach Anaheim und kündigte anschließend bei seiner Spedition. Zwei Wochen später begann er seine Vollzeitarbeit für George Van Auken.

George Van Auken ging bei Einstellungen sein Leben lang nie einer Empfehlung nach, hielt nie Persönlichkeitstests ab und suchte fast nie per Werbung nach Mitarbeitern. Stattdessen schaute er sich um. Er schaute sich ständig um, weil er fest glaubte, daß seine Mitarbeiter sein Unternehmen waren. Deshalb war seine Firma ein starkes Unternehmen.

Wenn er Benzin für sein Auto tankte, beobachtete er den Tankstellenwart, der lächelte und sorgfältig seine Windschutzscheibe putzte. Er behielt auch im Gedächtnis, wenn ein Buchprüfer seine Arbeit schneller verrichtete als üblich und Fragen stellte, an die noch keiner gedacht hatte. Er hatte Dossiers über Dutzende von potentiellen Mitarbeitern im Kopf, von Leuten, die noch nie im Druckereigewerbe gearbeitet hatten. Das kümmerte ihn nicht.

»Ich kann Ihnen beibringen, ein Drucker zu sein. Ich kann Ihnen nicht beibringen, was in Ihnen steckt, und das ist der Teil, den ich angeheuert habe.«

Van Auken wartete einfach, bis sich Stellen für die auftaten, von denen er die Dossiers im Kopf hatte. Dann sagte er ihm oder ihr: »Ich kann Ihnen beibringen, ein Drucker zu sein. Ich kann Ihnen nicht beibringen, was in Ihnen steckt, und das ist der Teil, den ich angeheuert habe.«

Er baute Franklin Press mit einem Mitarbeiter nach dem anderen auf. Und zwölf Jahre nachdem er Kennedy eingestellt hatte, verkaufte er das Unternehmen, und ich wurde eingestellt, um es zu leiten. Nötig hatte ich das nicht. Zur Zeit des Firmenverkaufs war Kennedy längst zum Leiter der Versandabteilung aufgestiegen. Das ist er noch heute. Während meiner zwei Jahre bei der Firma kam Kennedy oft mit Vorschlägen zur Steigerung der Produktivität und zur Verbesserung unserer Beziehungen zu den Kunden zu mir. Oft war es etwas so Einfaches, wie eine Teilsendung noch vor dem Monatsersten auf den Weg zu bringen. Fast immer halfen seine Vorschläge den Kunden und dem Unternehmen.

Auch nach dem Ausscheiden Van Aukens lebte sein Geist durch Kennedy und alle von ihm eingestellten Mitarbeiter im Unternehmen weiter. Ich lehnte mich einfach zurück und genoß diesen Geist. Van Auken hatte sein besonderes Teamkonzept genährt, während er das Geschäft aus dem Inneren seiner Garage zu einer modernen Druckerei ausbaute, die es auf einen Jahresumsatz von zehn Millionen Dollar brachte.

Er stellte einen Milchmann an, der wußte, wie man eine Route abarbeitete. Er machte den Milchmann zum Drucksachenverkäufer, der sich eine treue Stammkundschaft aufbaute, indem er den Kunden ständig auf den Fersen blieb. Er holte einen jungen Burschen direkt von der Schule, der zum Aufseher von über hundert Vertretern aufstieg.

Das Erbe setzte sich für viele fort, weil der Geist ermutigt wurde, der in jedem die Überzeugung »Das kann ich!« stärkte. Viele der ursprünglichen Mitarbeiter sind heute nicht mehr dabei, doch Franklin Press bleibt eine tüchtige Druckerei. Sie ist noch größer geworden, weil sie zuverlässiger liefert und mit höherer Produktivität arbeitet als ihre Konkurrenten. Die Mitarbeiter bleiben auch überdurchschnittlich lange bei Franklin, die Fluktuationsrate liegt bei weniger als zehn Prozent. Die Mitarbeiter arbeiten energisch und aus eigenem Antrieb.

George Van Auken war darauf aus, mehr als ein Unternehmen aus Zahlen und Produkten aufzubauen, er wußte, das Fundament sind die Menschen und die Unternehmenskultur, die sie schaffen. Die Firmenkultur von Franklin Press war Stolz und Hingabe, genau wie George Van Auken es sich vorgestellt und ausgedacht hatte.

Wie Sie gute Mitarbeiter von überall her bekommen

1. Bleiben Sie in Verbindung mit den besten Leuten, die Sie als Geschäftspartner, Kunden und Konkurrenten kennen. Umwerben Sie diese Menschen und lernen Sie sie kennen. Wenn Sie die Gelegenheit dazu haben, stellen Sie sie ein.
2. Wenn Sie für eine offene Stelle keinen geeigneten Kandidaten haben, verwenden Sie einen Personalberater und geben ihm eine Liste von 20 Branchen, die mit ihrer eigenen vergleichbar sind. Herausragende Leute können auf vielen Gebieten Außerordentliches leisten. Unterhalten Sie sich mindestens einige Stunden mit dem Personalberater. Er wird Wochen und Monate damit zubringen, Ihnen Zeit zu ersparen, das muß Ihnen einige Stunden mit ihm wert sein. Bitten Sie ihn um eine Liste der Firmen, für die er in letzter Zeit gearbeitet hat, so daß er von ihnen niemand abwerben darf.
3. Zahlen Sie dem Personalberater zusätzlich ein paar Anzeigen, die er für Sie schaltet, denn die meisten versuchen sonst, ohne Anzeigenwerbung auszukommen. Manche guten Leute reagieren auf Anzeigen. Seien Sie spezifisch in den Anzeigen, damit von Anfang an Spreu vom Weizen getrennt wird.

Kapitel 13

Raffinierter interviewen

»Muß er was vom Drucken verstehen?« fragte der Personalberater.

»Lieber nicht,« antwortete ich. »Wir haben schon zu viele versierte Drucker.« Wir waren schließlich eine Großdruckerei – Graphic Arts Center in Portland im US-Staat Oregon, größter Unternehmensanteil von U.S. Press. U.S. Press war aus Franklin Press entstanden, der Firma, von der das vorige Kapitel handelte. Graphic Arts Center war mittlerweile das größte Druckereiunternehmen im Westen der USA geworden.

Der Personalberater war bei Graphic Arts Center, weil die Firma mit ihren 500 Beschäftigten einen neuen Controller brauchte. Ich unterhielt mich mit dem Personalberater darüber, welche Art von Controller wir haben sollten. »Finden Sie jemanden, der acht Leute leiten kann«, sagte ich, »jemanden, der oder die fließend reden kann, Buchhalter ist und hart arbeitet. Er oder sie sollte wissen, daß Buchhaltung eine Servicefunktion zur Lenkung des Unternehmens, nicht das Unternehmen selbst ist. Die Person darf aber auch nicht die Bereiche und Tätigkeiten unangegriffen lassen, die den Finanzen weh tun.«

Wir hatten lange darüber nachgedacht. Vier von uns hatten die endgültige Entscheidung zu treffen, neben mir als Chefmanager Finanzchef Gayland, Produktionsleiter Frank und Verkaufschef Don. Jeder unterhielt sich geraume Zeit mit dem Personalberater. Wir wußten, was wir wollten, und waren in grundsätzlicher Übereinstimmung. Jetzt war ich an der Reihe, mich mit dem Personalberater zu unterhalten.

»Wir brauchen jemanden, der oder die den Mut hat, ein paar dumme Fragen über das Drucken zu stellen, denn die Antworten sind meistens dämlicher als die Fragen«, sagte ich. »Es wäre großartig, wenn Kandidaten aus dem Bereich Arbeitsorganisation kämen. Darum geht es. Wir verbringen immer noch mehr Zeit mit der Kostenanalyse einzelner Arbeitsplätze als mit der gesamten Gewinn- und Verlustrechnung. Ich hätte gern jemanden mit Erfahrung im Herstellungsbereich und dabei wenigstens einmal mit Arbeitsorganisation. Finden Sie auch jemanden aus einem Unternehmen ähnlicher Größe wie Graphic Arts Center.«

»Wohnungswirtschaft und Stahlverarbeitung sollte ich dann durchstöbern«, schlug der Personalberater vor. Ich stimmte lebhaft zu.

In vier Wochen spielte mir der Personalberater zehn Kandidatenprofile zu. Nach ein paar Telefonaten blieben noch sechs übrig. Wir ließen sie durch Equifax Employment Services überprüfen. Einer bezahlte seine Rechnungen nicht, eine andere übertrieb in bezug auf ihre frühere Position. Beide schienen nicht Spitzenvoraussetzungen für den Umgang mit Geld zu besitzen. Bei den anderen ergaben sich keine Beanstandungen, so daß wir sie zu Interviews einluden.

Wir stellten Fragen mit vielfältigen Beantwortungsmöglichkeiten. Wir erhofften uns Einblicke in das Innere der Kandidaten.

Alle vier Kandidaten kamen am gleichen Tag zu uns in die Firma und erhielten je 500 Dollar für die Abfassung eines Berichts über ihre Eindrücke und Vorschläge. Jeder von uns – Gayland, Frank, Don und ich – interviewte alle vier einzeln, es gab kein Gruppeninterview. Sie bekamen einander nicht zu sehen, und wir vier Interviewer unterhielten uns erst, als alle Gespräche vorbei waren. Es ging zack, zack, einer nach dem anderen, und war intensiv.

Ausgeschaltet war die allgemein erwiesene Tendenz, den letzten Kandidaten vorzuziehen, weil jeder von uns einen anderen als letzten sprach. Und keiner von uns wurde von Kommentaren eines anderen Interviewers beeinflußt, bevor er einen Kandidaten selbst gesprochen hatte.

Die Strategie war vernünftig. Nur Don vom Verkauf hatte einen schlechten Tag. Der Computer war zusammengebrochen, und einer seiner Vertreter hatte gerade ein Geschäft verpfuscht. Er war unglücklich, und das zeigte sich in allen vier Interviews. Aber dank der Methode, am gleichen Tag zu interviewen, hatte er mit jedem in gleicher Weise einen schlechten Tag.

Für uns drei andere wurde der Tag mit jedem Interview besser – die Fragen wurden mit der Praxis immer pointierter. Wie immer lief das Ganze auf vergleichbare Werte hinaus. Wir stellten Fragen mit vielfältigen Beantwortungsmöglichkeiten. »Was ist das Beste an Ihrer jetzigen Stellung?« fragten wir. »Und was ist das Schlechteste? Wann waren Sie zum letzten Mal wütend? Warum? Wovor fürchten Sie sich bei der Stellung hier am meisten? Was machen Sie in Ihrer Freizeit?« Wir erhofften uns Einblicke in das Innere der Kandidaten.

Einer hieß Bill Pattison. Er war von nervöser Energie, hatte ein schnelles Lachen und einen scharfen Verstand. Mehr als einmal freute ich mich über seine Ehrlichkeit. Er war versiert. Pattison wurde genommen und erfüllte seine Aufgaben als Controller hervorragend. Jetzt, elf Jahre später, 1995, ist er immer noch im Amt.

Wir hatten den Richtigen gefunden, weil die Wahl auf vernünftigen Interviews beruhte. Mit den Interviews an einem Tag kamen unsere Vergleiche aus frischer Erinnerung. Wir wußten, wie jeder Kandidat dachte, und kein Kandidat hing von unterschiedlichen Tagesstimmungen ab, weil jeder auf die im wesentlichen gleiche Stimmung traf.

Der schneidigste Kandidat löste bei einigen von uns Managern erhebliches Unbehagen aus. Ein anderer war fast ebenso schneidig und besaß deutlich bessere Kommunikationsfähigkeiten. Doch für die künftige Position war Bill Pattison der beste der vier Kandidaten, und wir kamen auf die richtige Art und Weise darauf. Am

Ende des Tages hatten wir nur wenige Zweifel, die alle ausgeräumt wurden, als wir die vier Berichte erhielten.

Pattison schrieb in seinem Bericht über Reibungen beim Vertrieb und was vermutlich auf beiden Seiten geschehen müßte, um sie zu beenden. Gute, eindrucksvolle Darlegungen – ganz im Gegensatz zu denen der anderen Kandidaten. Zwei wollten allen gefallen, um den Job zu bekommen, der Dritte hielt es für vordringlich, das Computersystem auf einen besseren Stand zu bringen. Wir stimmten dem nicht zu.

Nur Pattison verstand, daß Menschen die höchste Priorität haben, und was es heißt, einem Team anzugehören.

Wie Sie ein besseres Mitarbeiterteam bekommen

1. Interviewen Sie alle Kandidaten in der Endauswahl an einem Tag. Es ist schwer, alle Entscheidungsträger auf den gleichen Tag zu verpflichten. Aber keine andere Aufgabe ist wichtiger.
2. Reden Sie nicht zuviel. Stellen Sie Fragen, die vielfältige Antworten zulassen. Achten Sie auf die Fragen der Kandidaten und behalten Sie im Gedächtnis, wer die besten Fragen gestellt hat.
3. Erforschen Sie den Hintergrund jedes Kandidaten mit Hilfe einer Auskunftei. Sie kann feststellen, ob behauptete Titel wirklich erworben wurden, Berufsweg, Referenzen, Zahlungsverhalten und vieles mehr überprüfen. Bezahlen Sie auch jeden Kandidaten für eine schriftliche Ausarbeitung von Vorschlägen für Ihren Geschäftsbetrieb. Das ist eine Arbeitsprobe des Kandidaten, und vielleicht lernen Sie etwas für Sie Nützliches daraus.

Kapitel 14
Ausbildung zählt nicht viel

Linda Billings war ungewöhnlich motivierend. Die Firma Montron warb sie vor Jahren von Wells Fargo Bank ab, wo sie das laufende Konto von Montron und tausend anderen Kunden führte. Sie trat in die Buchhaltung von Montron ein und stieg später zur leitenden Angestellten für die Ausgabenüberwachung auf. Sie führte die Aufsicht über jährliche Zuwächse von über hundert Prozent. Dann wurde Montron von Fisher-Price Toys aufgekauft, und Linda Billings wurde Materialmanagerin. Als solche leitete sie Einkauf, Lagerhaltung, Produktion und Vertrieb. Nichts weiter – nur so ziemlich das gesamte Innenleben der Firma.

Ihre größte Herausforderung war die Einrichtung des Systems der MBP (Materialbedarfsplanung) im Werk. Dazu brauchte sie die hingebungsvolle Kooperation aller »ihrer« Arbeiter. Sie benötigte rechtzeitige, genaue Berichte über alle möglichen Herstellungsdaten, die sie dann in ein Computerprogramm eingab, das automatisch Teile auf der Basis vorgegebener Lieferzeiten bestellte. Es war ein schwer zu koordinierendes System, aber wenn es dann funktionierte, liefen die Produktionsanlagen wie am Schnürchen und die Lagerbestände blieben in Bewegung.

Das ist keine kleine Aufgabe. Sie koordinierte Ausschußraten, Verfahrensänderungen und die unter Berücksichtigung von Rabatten besten Bestellmengen. Ihre Art, mit Menschen umzugehen, war sehr direkt. Einmal beobachtete ich, wie sie vor dem Hintergrund der untergehenden Sonne einem Arbeiter klarmachte, warum es nicht zwei Wochen dauern sollte, einen Haufen alter Platten zu beseitigen. Der Arbeiter versuchte zu erklären, warum das Zeug und er schon zwei Wochen müßig herumstanden. »Ich wär' ja schon in den nächsten Minuten dazu gekommen«, protestierte er.

»Ein bißchen spät«, sagte Linda, nahm eine Platte über ihren Kopf und warf sie auf den Abfallwagen. Ich konnte nur ihre Silhouette sehen. Tatsächlich sah ich von dem Arbeiter auch nicht mehr. Ich fühlte mich wie in der hinteren Reihe in einem kleinen Theater. Dramatische Beleuchtung, dramatische Handlung. Der Arbeiter stand wie erstarrt. Linda ging wieder zu dem Haufen und hob eine weitere Platte empor. »Glauben Sie, es macht mir Spaß, Ihre Arbeit zu machen?« fragte sie.

Sie hatte mehr als eine Methode zur Motivierung von Mitarbeitern in ihrem Arsenal. Sie konnte hart sein, wie beim Holzplattenwerfen, sie konnte aber auch die weiche Masche und noch öfter höfliche Logik anwenden. Ihr Lächeln konnte Eisberge schmelzen. Sie stellte viele Fragen und gab selten Befehle, wenn sie es aber tat, wagte ihr niemand zu widersprechen.

Sie war Führerin und Managerin. Immer strebte sie nach Zustimmung, Engagement und Vision. Es war faszinierend zu beobachten, wie sie einen Produktionsmanager auf dem Weg, den er eingeschlagen hatte, stoppte und mit nur wenigen Worten dazu brachte, eine andere Richtung einzuschlagen. Unweigerlich nickte und lächelte dann der Produktionsmanager und steuerte in eine neue Richtung mit einer anderen Aufgabe. Ich wußte nie, was sie da sagte, aber ich sah, daß es wirkte.

Bei zwei Kandidaten ist nur eines gewiß: Der mit der besseren Ausbildung wird vom Angebot weniger begeistert sein.

Sie hatte ein besonderes Geschick im Umgang mit Menschen. Als sie das MBP-System erstmals in Funktion setzte, brachte sie einen introvertierten, intellektuellen Ingenieur auf ihre Seite. Bei ihrem ersten Besuch an seinem Arbeitsplatz blieb er in sich gekehrt, fast als wäre er an sein Zeichenbrett angebunden. Zur Mittagszeit ging er gewöhnlich zu einem Nickerchen in sein Auto. Er war intelligent, aber wenig gesellig, ein Eigenbrötler.

Sie brauchte ihn aber, damit das MBP-System funktionierte. Sie war ehrlich und erklärte ihm, mit seiner Hilfe könne die Funktionsfähigkeit des Systems demonstriert werden. Er biß an. Es war die reinste Metamorphose. Plötzlich wurde er extrovertiert und platzte den ganzen Tag kreuz und quer in die Büros herein, um sicherzustellen, daß alle ihre Beiträge leisteten. Er war so enthusiastisch, daß jeder versuchte, immer einen Schritt voraus zu sein, um ihn nicht zu enttäuschen. Er war ein Champion beim Aufbau des Systems, dessen Einführung durch seine Folgearbeit bei anderen Abteilungen vermutlich um 30 Tage beschleunigt wurde.

Linda Billings konnte die Herstellungseffizienz in einer Periode rapiden Wachstums steigern. Sie brachte alle, die für sie arbeiteten, in Zusammenklang und nährte die Teamatmosphäre durch kleine Nettigkeiten. So kaufte sie einen Monat lang Pizzas und Sprudelwasser für jeden, wenn man nach der Arbeitszeit informell zu Überprüfungen zusammenkam. Diese Treffen mit ehrlichen Gesprächen in freundlicher Atmosphäre waren unglaublich nützlich.

Linda hat keinen Universitätsabschluß. In den meisten Unternehmen hätte sie das daran gehindert, zu der Position mit Autorität aufzusteigen, zu der sie so stark begabt war. Das ist traurig, denn einen akademischen Titel zu verlangen, ist eine legale Methode der Diskriminierung. Tatsächlich ist es unklug, die Zahl der Kandidaten auf diese Weise zu begrenzen. Bei zwei Kandidaten ist nur eines gewiß: Der mit der besseren Ausbildung wird vom Stellenangebot weniger begeistert sein.

Die Regel ist, daß es keine Regel gibt. Bleiben Sie unvoreingenommen und sehen Sie, was Sie finden können. Ausbildung als Erfolgsfaktor wird stark überbewertet. Intelligenz und innerer Antrieb sind viel wichtiger, entscheidend sind gemeinsame Werte. Ausbildung macht Spaß, gelegentlich ist sie sogar sachdienlich. Ihre Mitarbeiter müssen aber nur aufgeweckt und motiviert sein.

Wie Ihre Teams mehr als das begreifen, was im Schulbuch steht

1. Senken Sie Ihre Ausbildungsanforderungen für jede Stelle außerhalb von Forschung und Entwicklung um eine Stufe. Verwenden Sie mehr Zeit für Interviews mit mehr Kandidaten und wählen Sie mehr nach Begabung und erzielten praktischen Resultaten als nach Ausbildungsabschlüssen aus.
2. Halbieren Sie Ihr Budget für Seminare und Schulung. Seminare geben Managern eine Ausrede für die Delegierung von Schulungen, die sie selber durchführen sollten. Schlimmer noch, die Delegierung erfolgt an einen teuren Außenseiter. Entscheiden Sie sich für den Außenseiter oder den Manager, beide nebeneinander brauchen Sie nicht.
3. Zahlen Sie Ihren Arbeitnehmern, wenn sie außerhalb der Arbeitszeit für ihre Tätigkeit relevante Kurse nehmen, die vollen Kursgebühren, wenn sie mit »sehr gut« abschließen. Zahlen Sie die Hälfte bei »gut«, aber nichts bei weniger guten Abschlüssen.

Kapitel 15

Umgekehrt diskriminieren

Es war ein heißer, trockener Septembertag in Tijuana, Mexiko, und ich hatte eine Reifenpanne. Das Quecksilber im Thermometer siedete, und meine Temperatur war noch höher, weil ich auf dem Weg zu der einstöckigen Fabrik in Ziegelbauweise im Lagerhausdistrikt Tijuanas war, mit der ich einen schlimmen Monat hinter mir hatte. Es war klar, daß ich nun noch reif für einen platten Reifen war.

Einen Monat zuvor hatte AFI de Mexico 200 neue Arbeiter angeheuert. Arbeitskräfte zu finden, war kein Problem. Bewerber standen ab fünf Uhr jeden Morgen in 30 Reihen vor dem Vordereingang Schlange. Zwei Wochen lang das gleiche Bild.

Trotz der übergroßen Zahl von Bewerbern war es schwierig. Dies war eine andere Kultur, und ich war darin nicht zu Hause. Es gab Dinge, die ich nicht erwartet hatte. Einiges davon war interessant, anderes traurig. Wir mußten einigen neuen Arbeitnehmer(Inne)n, vor allem jungen Frauen, beibringen, wie man Toilettenpapier benutzt. Sie hatten noch nie welches gesehen. Durch mangelhafte Hygiene hatten manche Tuberkulose oder sogar weniger vorstellbare Krankheiten wie Räude.

Während wir uns durch die Gesundheitsprobleme durcharbeiteten, fanden wir heraus, daß der Amtsarzt, der die Neuankömmlinge untersuchte, die Frauen belästigte. Wir beschwerten uns bei der Regierung, die nichts gegen den Arzt unternahm, er hörte aber mit den Belästigungen auf.

AFI de Mexico war sechs Jahre alt, ein Geisteskind von Glück und Anstrengung, wie in Kapitel 29 beschrieben. Drei der dort hergestellten Spielzeuge wurden bei Fisher-Price Bestseller, eine Art Filmsichtgerät, ein Tonbandaufnahmegerät und ein Plattenspieler. Davon werden noch immer jährlich über zwei Millionen Stück verkauft. Drei der zehn Bestseller von Fisher-Price kamen von AFI de Mexico, als ich 1978 die Fabrik leitete. Damals führte Fisher-Price 140 Artikel.

Wir hatten in diesem Monat unglaublich viel zu tun. Es wurde in zwei 56-Stunden-Schichten pro Woche gearbeitet. Das ließ den Schweiß schneller rinnen, und an diesem staubigen Morgen war kein Ende abzusehen. Zwei Tage zuvor dachte ich, wir wären am Tiefpunkt angelangt, als Dutzende von Arbeitern an Vergiftungen durch Lebensmittel erkrankten, die sie an Imbißständen vor der Fabrik gekauft hatten. Doch es kam noch mehr.

Auf meinem Weg zur Arbeit fuhr ich über ein Dornengewächs und bekam einen platten Reifen. Während ich draußen in Staub und Hitze den Reifen wechselte, dachte ich frustriert, daß vielleicht noch andere Wechsel fällig waren. Hinsichtlich der Krankheits- und Belästigungsprobleme war bereits alles in unserer Macht Stehende unternommen worden, doch es gab andere Probleme – in der Produktion. Bei der Herstellung der meisten Erzeugnisse beschäftigte AFI de Mexico nur Frauen, doch in der lateinamerikanischen Machokultur, wie wir sie entliehen hatten, waren die Aufseher Männer. Die Frauen arbeiteten hart, doch über allem waren die Männer.

Die männlichen Aufseher standen oft schwatzend herum, sie plauderten über ihre Wochenenden beim spanischen Ballspiel Jai Alai oder über sonst was. Sie führten keine Aufsicht, sie paßten auf nichts auf, sie standen über allem, sie waren einfach Männer. Das war ihre Arbeit. Ja, und damit fand ich mich ab, weil ich annahm, das sei die Kultur und nichts könne dagegen getan werden.

Wir machten Schluß mit den männlichen Aufsehern und beförderten Frauen auf ihre Positionen. Innerhalb eines Monats stieg die Produktion je Arbeitsstunde um etwa 20 Prozent.

Es gab aber eine Frau in der Produktion, die dachte, es sollte etwas getan werden. Ihr Name war Celia, und sie lenkte meine Aufmerksamkeit auf sich, als ich vom Reifenwechsel kam.

»Señor Sutton«, kreischte sie, »la linea esta debajo. Sin partes. Siempre!« Es gab schon wieder keine Teile an der Fertigungsstraße. Die Aufseher Pablo und Jorge standen gestikulierend und lachend beieinander und erzählten sich mit der Theatralik von Heldentenören Geschichten. Sie hatten mich nicht kommen sehen. Ich ging zu dem Ordner mit den Produktionsaufzeichnungen. Pablo und Jorge hatten in den letzten zwei Stunden überhaupt keine Produktionsmengen mehr eingetragen. Celia sagte mir, es seien nur noch zwei Schachteln Federn da, und die Etiketten seien schon vor einer halben Stunde ausgegangen.

Das reichte. Ich hatte schon oft daran gedacht, diese arrogante Schicht loszuwerden. Jetzt feuerte ich Pablo und Jorge und beförderte Celia zur Aufseherin. Ich beließ es nicht dabei. Ich entließ 14 von 17 männlichen Aufsehern. Ohne Ausnahme waren sie nichts als Machos und Faulpelze in Kombination.

Ihr prahlerisches Auftreten war noch schlimmer als ihre Faulheit. Sie standen so hoch über allem, daß sie sich nicht um Einzelheiten kümmerten. Mit einer vernünftigen Abfindung trennten wir uns von den männlichen Aufsehern und beförderten Frauen auf ihre Positionen.

Das Leben wurde zur reinsten Freude. Die Produktion je Arbeitsstunde stieg innerhalb eines Monats um etwa 20 Prozent. Probleme schienen zehn Jahre früher aufgefangen zu werden, waren gewöhnlich leichter und gewiß weniger schmerzhaft. Es gab Harmonie, Produktion und Lebensfreude. Oft übertreffen Frauen Männer in der Produktion, Asiaten übertrumpfen Weiße, und junge Menschen, wenn sie beaufsichtigt werden, ältere Kollegen. Nutzen Sie das zu Ihrem Vorteil.

Wie Sie sich mit produktiveren Mitarbeitern umgeben

1. Flößen Sie Ihrem Unternehmen neue Energie ein, indem Sie es dem Viertel, in dem Sie produzieren, ähnlicher machen. Die dort lebenden ethnischen Gruppen arbeiten oft härter. Machen Sie Dinge anders und beobachten Sie, wie Ihre Firma gedeiht. Beschäftigen Sie eine Frau als Lkw-Fahrerin, einen männlichen Sekretär oder einen siebzigjährigen Vertreter.
2. Wenn die Neuen nicht gut einschlagen, ersetzen Sie sie, wie Sie es mit anderen auch tun würden.
3. Wenn es eine besonders produktive ethnische oder kulturelle Gruppe in der Nähe gibt, stellen Sie Leute aus ihr ein. Nehmen Sie einen der Exoten ins Management und lassen Sie diese Kultur für sich arbeiten.

Kapitel 16
Incentives verwenden

Bei Checks To-go flachten 1976 die Umsätze ab, und die Einstellung der Verkäufer, die Kunden per Telefon zu umwerben hatten, verflachte auch. Es wurde für sie ein lustloser Job. Sie reagierten auf die Art und Weise, in der sie behandelt wurden. Das war verständlich und kostspielig.

Die Telefonverkäufer bekamen feste Vergütungen, und schlechte Leistungen führten zur Entlassung. Bei Spitzenleistungen gab es keinerlei Anerkennung, aus Furcht, die Besseren könnten höhere Bezahlung fordern oder schwieriger zu managen werden. Die einzigen Anreize waren negativ, wie Klapse für Zweijährige. Der beaufsichtigende Manager kannte nichts als Einschüchterungstaktik. Er kam immer durch die Hintertür, so daß die Telefonverkäufer ihn nicht kommen sehen konnten. Er liebte es, seine Untergebenen dann einfach nur zu beobachten. Gewöhnlich nahm er sich nacheinander die Bücher, in denen die Anrufe eingetragen wurden, starrte nur vorwurfsvoll auf die Eintragungen und nahm mit niemandem Augenkontakt auf. Hatte er seine Niederschriftenprüfung abgeschlossen, schmiß er die Bücher auf den Tisch, rollte herablassend mit den Augen und ging zum erstbesten Telefonverkäufer. Er war brutal. Immer fragte er: »Wieviele Anrufe haben Sie gemacht? Warum nicht? Was ist los mit Ihnen?« Schade, daß unser Gesundheitskostenbudget keine Persönlichkeitsverpflanzungen vorsah.

Natürlich gab es für diese Leute keinen Grund, nach Erfolg zu streben, also gaben wir ihnen Gründe. Als erstes ersetzten wir den alten Aufseher durch eine Frau, die etwas von Menschen und von Verkaufsförderung verstand. Statt jeden zweiten Tag mit Entlassungen zu drohen, zeigte die neue Aufseherin Interesse an ihren Mitarbeitern sowie deren Meinungen und Perspektiven. »Was sagen Ihre Kunden?« fragte sie, und »Was können wir besser machen?« Sie wußte, daß die Leute in den »Schützengräben« mehr vom Geschäft verstanden als jeder andere. Also hörte sie zu.

Wir taten aber mehr. Wir senkten die Vergütungen der Telefonverkäufer um 20 Prozent von zehn auf acht Dollar die Stunde, dafür bekamen sie aber zusätzlich Bonuszahlungen in Höhe von einem Prozent ihrer Umsätze. Selbst wenn es beim durchschnittlichen Tagesumsatz von 2000 Dollar geblieben wäre, hätten sie am Achtstundentag 84 statt bisher 80 Dollar verdient, fünf Prozent mehr. Sie hatten aber jetzt einen Grund, sich mehr anzustrengen. So stieg der Absatz umgehend um 25 Prozent, so daß unsere Telefonverkäufer im Schnitt 89 Dollar täglich verdienten, 11,25 Prozent mehr als beim festen Stundenverdienst von zehn Dollar.

Die neue Verkaufsleiterin veranstaltete auch wöchentliche Wettbewerbe zwischen den Telefonverkäufern. Und wenn einmal zu viele Umschläge auf Lager waren, konnte der Verkäufer, der die meisten Umschläge verkaufte, auf Firmenkosten ein Wochenende in Catalina verbringen. Wer das höchste durchschnittliche Auftragsvolumen in Zeiten mit nachlassenden Umsätzen erzielte, erhielt Theaterkarten. Jeder und jede dachte stets mehr über Erfolg nach, als sich um Fehlschläge zu sorgen.

> *Bei Bonuszahlungen ist die erste Mark, die Sie zahlen, die wirksamste.*

Umsatzwachstum und Zufriedenheit der Kunden reflektierten die neue Einstellung, die sich aus den Incentives ergab. Wir boten auch nicht nur finanzielle Anreize. Einmal setzten wir der Gruppe ein Ziel zur Verringerung der Beschwerden, und als es erreicht wurde, kochte ich für alle ein Hummer-Essen in meiner Wohnung. So wurde für die Telefonverkäufer das Leben zur Freude, bis Checks To-Go zwei Jahre später von Western Certificate aufgekauft wurde. Zu den ersten Maßnahmen der neuen Besitzer gehörte die Abschaffung der Anreize, und das ist ein Grund dafür, daß sich das gesamte Geschäft innerhalb von anderthalb Jahren nach der Übernahme in Dunst auflöste.

Anreize müssen mit Feingefühl gehandhabt werden. Etliche Jahre nachdem ich sie bei Checks To-Go eingeführt hatte, übernahm ich die Leitung von Knight Protective Industries. Dort gingen die Umsätze zurück, und ich glaubte, ich wüßte, wie das zu ändern sei. Das Unternehmen hatte 80 Telefonverkäufer auf der Gehaltsliste. Jeder schaffte pro Schicht 250 Anrufe. Ich senkte die Grundvergütung um zwei Dollar je Stunde und erhöhte die Bonuszahlungen so, daß die Verkäufer bei gleichbleibendem Umsatz das Gleiche verdienen würden wie zuvor.

Also wie gehabt? Im Gegenteil, es wurde ein Reinfall. Die Knight-Telefonverkäufer bekamen nämlich schon Leistungszulagen, und tägliche Bonuszahlungen noch dazu. Die zusätzlichen Anreize bereicherten die besten Verkäufer, doch die durchschnittlichen kamen nach der Kürzung der Grundgehälter schlechter weg, und gerade die hatten wir motivieren wollen.

Nun war es zu spät. Wir versuchten, zu früheren Programmen mit bescheideneren Leistungsanreizen zurückzukehren, doch das verärgerte nur die Starverkäufer. Sie kündigten. (Dieses Resultat werde ich in meinen Schlußfolgerungen wohl verschweigen.)

Bei Bonusvergütungen ist die erste Mark, die Sie zahlen, die wirksamste. Ein kleiner Anreiz wirkt immer. Zudem wirken Anreize am besten, wenn sie von Teamarbeit abhängig bleiben. Belobigungen sind nützlich, am nützlichsten aber, wenn sie mit Leistungsvergütungen gekoppelt werden. Motivierung sollte eine umfassende Strategie sein. Zuviel Anreiz fördert aber Habgier.

Wie Sie Ihr Unternehmen über Nacht »anreizivieren«

1. Loben Sie jeden Monat öffentlich einen Mitarbeiter für hervorragende Arbeit. Reservieren sie ihm oder ihr einen Parkplatz nahe am Eingang, fast so nah wie die Kundenparkplätze. Veröffentlichen Sie ihr oder sein Bild im Firmenrundschreiben mit der Geschichte des besonderen Dienstes am Kunden, der Kostenersparnis oder sonstigen Leistung.
2. Machen Sie mindestens fünf Prozent der Mitarbeitervergütungen zu einem monatlichen Bonus für die Erreichung spezifischer Abteilungsziele (beispielsweise Zahl der irrtumsfreien Transaktionen in der Buchhaltung ohne Überstunden, Versandmengen minus Rückläufe, Rückstandstage für Zahlungseingänge, Budget- und Zeitunterschreitungen bei Forschung und Entwicklung). Binden Sie diese Bonuszahlungen an Gruppen von bis zu 20 Mitarbeitern, um Teamarbeit zu fördern und den Druck der Besten auf die Mitarbeiter zu verstärken. Gewähren Sie individuelle Leistungsanreize nur, wenn es sich eindeutig um Aufgaben zur Soloerledigung handelt – dann zahlen Sie aber großzügig.
3. Plazieren Sie die Abteilungsziele mittels Säulendiagrammen oder anderen Grafiken in jedem Bereich so, daß man sie auf zehn Meter Entfernung deutlich erkennen kann. Machen Sie diese Zielprojektionen zu anziehenden Zielen bei allen Gängen durch Betrieb und Büros. Halten Sie dort selbst immer wieder inne, um die Ziele zu kommentieren und zu diskutieren.

Kapitel 17

Das Schiff abdichten

Im Frühjahr 1988 wurde Checks To-Go von Western Certificate übernommen. Ich war Präsident von Checks To-Go. Beide Unternehmen stellten Bankschecks her. Western druckte sie in ungeheuren Mengen für Banken. Diese Kunden wußten, was sie wollten, und bestellten täglich Riesenmengen.

Checks To-Go kreierte Schecks für Benutzer von PCs. Wir kauften Scheckformulare in Massen und personalisierten sie dann für die Kunden. Die kannten oft nicht einmal ihre Kontonummer, wußten nicht, wieviel sie bestellen und welche Art von Scheckformularen sie verwenden sollten, und wie die Schecks in den Computer zu laden waren. Sie bestellten nur ein- oder zweimal im Jahr. Sie brauchten unsere Hilfe.

Nach der Übernahme leitete ich die Sektion von Western Certificate, die nun aus Checks To-Go geworden war. Checks To-Go hatte von allen Unternehmen der Scheckindustrie die höchsten Gewinne erzielt. Western bekam uns, als wir an der Spitze lagen. Sie kauften uns, weil sie in den wachsenden PC-Markt einsteigen wollten.

Bei der ersten Zusammenkunft im Sitzungssaal des Vorstands in Denver, als ich offiziell Mitglied des »A«-Teams« wurde, wie sie es nannten, unterhielten wir uns zuerst nicht über Schecks, auch nicht über Kunden, nein, über Hotels. Sie mochten das von mir gewählte Hotel nicht. Es paßte ihnen nicht, daß ich Mitglied des »Priority Club« von Holiday Inn war. Der geschäftsführende

Vizepräsident lächelte und erläuterte: »Wir ziehen es vor, wenn jemand von Ihrem Kaliber im Marriott oder Hilton wohnt. Wir haben ein Image aufrechtzuerhalten.«

Der Mann sah blendend aus mit seinen Manschetten, den Monogrammen und den geflochtenen roten Designer-Hosenträgern. Legen Sie nie Ihre Hand dafür ins Feuer, daß jemand, der Designer-Hosenträger anhat, etwas von Kostenkontrolle versteht oder auch nur verstehen will. Ich wußte, daß eine Nacht im Denver Marriott oder Hilton damals etwa 80 Dollar kostete. Im Holiday Inn zahlte man 50 Dollar. Warum sollte ich 60 Prozent mehr ausgeben? Alle Zimmer im Holiday Inn hatten saubere Betten und ein Badezimmer. Daran dachte ich, als der geschäftsführende Vizepräsident fortfuhr: »Sie sind jetzt Teil eines neuen Teams. Wir brauchen Übereinstimmung in unserer Organisation, also sollten Sie in Denver im Marriott und anderorts in einem gleichwertigen Hotel übernachten.« Er erwartete, daß ich sehr erpicht darauf war, mich in diese gehobene Gruppe einzureihen.

Das Image regierte. Sie änderten ihren Namen von Western Certificate in Westcert um, weil sie über die Region hinaus expandierten. Sie fragten mich, was ich von der Änderung hielt, und ich sagte: »Es hat all den Charm der Umbenennung von International House of Pancakes in IHOP.«

> *Unkontrollierte Kosten ruinieren jede Firma. Wenn Ihr Konkurrent eine Luxuslimousine fährt und Sie nicht, sind Sie schon dabei, zu gewinnen.*

Sie fragten mich auch, ob ich lieber einen Oldsmobile Cutlass oder einen Mercury Sable möchte. Ich antwortete, daß ich kein Auto wollte. Sechs Wochen später feuerten sie mich, weil ich mit ihrer Geschäftsstrategie nicht übereinstimmte. Sie betrachteten Checks To-Go als Produktionsbetrieb, der Kostenvorteile durch Massenherstellung brauchte. Ihr Hauptgeschäft brachte sie zu dieser Ansicht. Ich sah Checks To-Go als Dienstleistungsunternehmen an.

So verließ ich die Firma aus medizinischen Gründen: Ich machte die neuen Eigentümer krank. Anderthalb Jahre später war Checks To-Go verschwunden. Kaputt, wie wir auch auf Amerikanisch sagen. Sie konnten keine Schecks mehr drucken, sie konnten auf keinen Schecks schreiben – sie konnten ihre eigenen Rechnungen nicht mehr bezahlen. Eine Investition von drei Millionen Dollar hatte sich irgendwie in Dunst aufgelöst.

Hübsches Image, nicht wahr?

Es gibt nur wenige Unternehmen, die einen Gewinn von zehn Prozent ihrer Umsätze verdienen, bei den meisten sind es drei oder vier Prozent. Bei dieser winzigen Marge zählt jede Sparmöglichkeit, vor allem eine Chance, bei einer Ausgabe 60 Prozent einzusparen. Und bedenken Sie, die Marriott-Übernachtung ist wie ein kleines Loch in Ihrem Eimer, doch seine bloße Existenz führt zu anderen Löchern, aus denen das Wasser spritzt. Sie brauchen neue Ausrüstungen? Na los, kaufen Sie die sofort. Und noch ein Leck – phantastische neue Büros, um das Image aufzumöbeln. Dann ist der Eimer bald leer und der Sandsturm kommt.

Unkontrollierte Kosten ruinieren jede Firma, und Luxuslimousinen, unnötig teure Übernachtungen und sonstiger Luxus sind unkontrollierte Kosten. Wenn Ihr Konkurrent eine Luxuslimousine fährt und Sie nicht, sind Sie schon dabei zu gewinnen. Er hat einen lecken Eimer.

Fünf Multimilliardäre aus eigener Kraft (sagen Sie das zum Spaß fünfmal ganz schnell) hat es in den letzten Jahren in den USA gegeben: Sam Walton, Ross Perot, David Packard, Bill Gates und Warren Buffett.

Sam Walton, der Gründer von Wal-Mart, fuhr 1991 einen acht Jahre alten roten Ford-Lieferwagen. Er holte seinen Kaffee immer selbst. Kürzlich beobachtete einer meiner Freunde im Empfangsraum von Wal-Mart, wie Walton versehentlich seinen Kaffee aus dem Automaten verschüttete, einige Papierhandtücher nahm und die Pfütze selber aufwischte.

Ross Perot zahlte sich als Präsident von Electronic Data Systems (EDS) ein Jahresgehalt von 70000 Dollar. Als er EDS an General Motors verkaufte, bezog Perots neuer Chef, der Präsident von General Motors, ein Gehalt von 2,4 Millionen Dollar plus Bonus. Schließlich zahlte er Perot 2,5 Milliarden Dollar für dessen Ausscheiden aus dem Unternehmen, weil der allseits beliebte Perot den hohen Tieren von General Motors peinlich war, wollte er doch weder ein hohes Gehalt noch ein großartiges Büro oder ein spezialgetuntes Auto – schlimmer noch, er lud Mitarbeiter zum Abendessen zu sich nach Hause ein und unterhielt sich ständig mit ihnen. Der Präsident von General Motors kündigte kürzlich die Entlassung von 72 000 Arbeitskräften an.

David Packard hatte nie ein abgetrenntes Büro – bis er Hewlett Packard verließ, um in Regierungsdienste zu treten. Das ist bezeichnend. Bill Gates von Microsoft fährt Eisenbahn zweiter Klasse. Warren Buffett leitet sein Zwanzigmilliarden-Dollar-Imperium mit vierundzwanzig Angestellten.

Wie Sie Ihre Firma abdichten

1. Nehmen Sie Hotels mit einem Stern weniger. Wenn Ihre Kunden im Holiday Inn wohnen und Ihre Konkurrenten im Marriott, wen wollen Sie dann kennenlernen? Nehmen Sie den Flughafenbus, er fährt ebenso schnell in die Innenstadt wie die meisten Taxis. Schaffen Sie das Firmenflugzeug ab. Mit Linienflügen kommen Sie schneller an und fliegen sicherer, und Sie isolieren sich nicht von anderen Leuten, von denen manche vielleicht Ihre Kunden sind.
2. Hören Sie auf, neue Büros zu bauen und auszustatten. Und wenn jemand unbedingt einen Assistenten braucht, lassen Sie sich beide ein Zimmer teilen. (Sie werden sehen, daß dies die Bitten um Neueinstellungen verringert.)
3. Tun Sie kleine Dinge. Verwenden Sie auch die Rückseiten von Papier, machen Sie die Lichter aus, wenn Sie einen Raum verlassen, vermeiden Sie Kurier- oder Expreßversand, wenn normale Post genügt. Kümmern Sie sich nicht um das Gerede von »Erbsenzählerei« hinter Ihrem Rücken, sondern leben Sie weiter Sparsamkeit vor, damit sie sich bei Ihren

Mitarbeitern ausbreitet. Verwenden Sie nicht viel Zeit für diese kleinen Dinge, sondern tun Sie sie rasch und ruhig und konzentrieren sich dann wieder auf die großen Aufgaben.

Kapitel 18

Entlassungsrichtlinien bekanntmachen

In sechs Monaten von 1974 verdoppelte sich das Geschäft in der Broadway-Kegelbar von Littleton im US-Staat Colorado. An den Kegelbahnen war nicht so viel Betrieb, doch an der Bar kam es täglich zwischen 16 Uhr 30 und 17 Uhr 30 zu einer riesigen Versammlung von Ingenieuren mit Taschenschützern, Vertriebsleuten mit Quastenschuhen und Produktionsaufsehern in kurzärmligen Hemden und bunt über die Theke ausgebreiteten angeklammerten Schlipsen. An der Theke hatte sich der Bierausschank von vier auf acht Fässer verdoppelt.

Die Broadway-Kegelbar hatte die Hausnummer 5499 am South Broadway. Daneben, Broadway 5501, war Honeywell, und dort herrschte unverkennbar Panik. Eine halbe Minute von Honeywells Haupteingang entfernt gab es genug Hopfen- und Getreidesaft, um uns allen dabei zu helfen, mit unserer Unsicherheit zurechtzukommen, fanden doch dort weniger fröhliche Zusammenkünfte als therapeutische Sitzungen statt.

Über zehn Jahre lang hatte Honeywell die beliebten japanischen Pentax-Kameras in den USA vertrieben. Wir operierten von einem alten ehemaligen Supermarkt aus, der in Büros und Lagerräume umgewandelt worden war. Eine Zeitlang war es üblich, daß japanische Kamerahersteller den Vertrieb ihrer Erzeugnisse in den USA amerikanischen Firmen überließen. Doch 1972 ließ Minolta seine US-Vertriebsfirma fallen, und diesem Beispiel folgte sieben Monate später Canon mit seinem Vertriebspartner Bell and Howell. Die neue japanische Strategie war, den US-Markt aggressiver anzugehen. Durch Verzicht auf Gewinne, Preissenkungen und hohen Werbeaufwand hofften die japanischen Unternehmen, den US-Markt zu erobern und zu dominieren. Das resultierte in der veränderten Atmosphäre, der sich Pentax 1974 gegenübersah, ein Jahr bevor der Distributionsvertrag mit Honeywell auslief.

Die Strategie war auf Steuerersparnis und Wachstum ausgerichtet. Der Wechsel implizierte, daß Canon und Minolta Gewinne nur noch in Japan realisieren würden, so daß keine Steuern mehr in den USA zu zahlen wären. Es war eine vernünftige, wenn auch unfaire Strategie, bei Honeywell wußten wir das. Der Absatz von Canon wie auch von Minolta schnellte in die Höhe, und wir gingen immer häufiger zur Broadway-Kegelbar.

Sollte Honeywell dem Beispiel der Konkurrenten folgen – mehr Werbung und Preissenkungen –, wären zwar die Umsätze gestiegen, die Gewinne aber gesunken. Und Honeywell hätte nicht zum Ausgleich Gewinne am japanischen Markt erzielen können.

Es war klar, daß irgendwo nachgegeben werden mußte. Pentax wollte mehr in den USA absetzen, während Honeywell sich kunstvoll sträubte. Honeywell wollte nicht auf Gewinne verzichten, also blieb es bei bescheidener Werbung und Preisen, die von der Unternehmensleitung für fair gehalten wurden. Dagegen sträubte sich Pentax.

Dieser Zweig von Honeywell erzielte fast alle Gewinne mit Pentax-Produkten. Pentax wollte mehr Umsatz, als Honeywell sich leisten konnte. Pentax drohte, in die Fußstapfen von Minolta und Canon zu treten. Pentax weigerte sich, den Vertriebsvertrag mit Honeywell zu erneuern.

Bei Entlassungen geht es um das, wofür ein Unternehmen steht.

Die Frage war: Bluffte Pentax nur? Die Wahrheit war, Pentax zu verlieren würde diesen Zweig von Honeywell wahrscheinlich zum Absterben verurteilen. Jeder Mitarbeiter wußte das, so standen wir alle unter Hochspannung. Die beliebteste Art, unseren kollektiven Überdruck abzulassen, war, zur Broadway Kegelbar zu gehen und einige Maß Bier in uns hineinzuschütten. Wir alle kannten die Probleme. Es gab nichts, was wir tun konnten, da Pentax vielleicht nur bluffte, um im nächsten Vertrag bessere Bedingungen herauszuschinden. Das wäre nicht das erste Mal in der Wirtschaftsgeschichte gewesen. Die andere Frage war, wenn Pentax Honeywell wirklich fallen ließe, würde dann fast jeder von uns weiter beschäftigt oder eine neue Firma mit ganz neuer Belegschaft gegründet?

Das Bier ging locker die Kehle hinunter. Der Druck war zu groß und es gab zuwenig Antworten.

Dann erschien eines Tages K. Chiwata. Er war der Exportdirektor von Pentax, ein Japaner, der fünf Fremdsprachen beherrschte. Wir hatten nie jemanden getroffen, der ihm vergleichbar war. Er erschien in einer buntkarierten Sportjacke, und seine Meisterung von amerikanischem Slang ließ ihn mehr als einen von uns erscheinen als uns selber. Er absorbierte Alkohol in sagenhaften Mengen und blieb dabei klar, glücklich und zuversichtlich.

Einige von uns gingen mit Chiwata zum Abendessen. Er brachte erwartungsgemäß schlechte Nachrichten aus Japan mit. Pentax wolle den Vertrieb künftig selbst kontrollieren, die Ankündigung der Beendigung des Vertragsverhältnisses mit Honeywell war kein Bluff. Chiwata kündigte an, Pentax werde Honeywell in einem Jahr mit dem Auslaufen des gegenwärtigen Vertrags fallenlassen. Man werde einen eigenen Vertrieb starten und dabei viele Honeywell-Mitarbeiter weiter beschäftigen. Sie würden auch ihre US-Hauptverwaltung in Denver belassen – uns fielen Steine vom Herzen. Die meisten Arbeitsplätze waren erst einmal sicher.

»Wir könnten schon seit Jahren Freunde sein, und ich hoffe, dieser geplante Wechsel beunruhigt Sie nicht zu sehr«, sagte Chiwata an diesem Tag. »Wir werden nächstes Jahr den Vertrieb als Pentax Corporation übernehmen und managen«, fügte er hinzu.

»Ich werde von Hongkong nach Denver umziehen, und wir werden zehn Minuten von hier ein neues Distributionszentrum im Technologiepark einrichten. Und ich verspreche Ihnen, daß wir Spaß miteinander haben werden. Sie alle bleiben auf der Gehaltsliste. Das machen wir, indem wir alle Arbeitsplätze und Gehälter für die ersten sechs Monate garantieren. Danach werden manche Stellen entfallen, und ich habe keine Ahnung, welche oder wieviele das sein werden. Wenn Sie die ersten sechs Monate bleiben und Ihre Stelle dann wegfällt, erhalten Sie sechs Monatsgehälter als Abfindung. Wenn Ihr Arbeitsplatz bestehen bleibt, bleiben Ihre Bezüge mindestens gleich. Oder sie steigen, Sie müßten dann aber vielleicht mehr Aufgaben übernehmen. Wenn Sie vor Ablauf der ersten sechs Monate gehen, bekommen Sie nichts.«

Endlich war es klar. Obwohl es immer noch recht düster aussah, war der Handel doch auf dem Tisch und mehr als fair. Plötzlich hörten alle Mitarbeiter auf, sich über die Volkswirtschaft Sorgen zu machen, und begannen wieder, sich auf ihre Arbeit zu konzentrieren. Keiner sorgte sich darum, was Regierung, Konkurrenz oder andere Außenseiter tun könnten, um das Geschäft zu schädigen. Nervöse Spekulationen hörten auf und etwas noch nie Gehörtes geschah: Die Leute kümmerten sich um ihren eigenen Verantwortungsbereich. Sie kümmerten sich gut darum.

Das Lächeln kehrte zurück. Die Produktivität stieg gewaltig, und es wurden weniger Fehler gemacht. Kaum einer wollte, daß sein Arbeitsplatz vernichtet würde, doch sechs Monate lang brauchte man sich darum keine Gedanken zu machen. Und wer später entlassen würde, würde mit Geld weich gebettet. Das Leben ging weiter, und es konnten Zukunftspläne geschmiedet werden.

Das einzige Problem stellte sich der Broadway Kegelbar, wo der Bierabsatz so dramatisch sank, wie er gestiegen war. Die Arbeiter blieben wieder bei ihrer Arbeit. Sich Sorgen zu machen, war sinnlos geworden. Herr Chiwata hatte alles offen vor uns ausgebreitet. Es war nicht gerade eine Einstellungspolitik, aber eine Art Entlassungspolitik. Und das ist der Punkt.

Die meisten Firmen haben Einstellungsrichtlinien, nur wenige haben Entlassungsrichtlinien. Einstellungen sind ein angenehmes Verfahren und bis in die Einzelheiten analysiert worden. Entlassungen sind wichtiger. Sie bilden die Seele des Unternehmens, denn bei ihnen geht es um das, wofür ein Unternehmen steht. Es ist leicht, eine Einstellungspolitik zu haben, weil Einstellungen positive Schritte darstellen, doch Entlassungen sind kontroverser und sollten daher gut verständlich gemacht werden. Es ist Zeit, Paranoia auszuschalten.

Wie Sie die Belegschaft richtig an die Arbeit bringen

1. Vor einer Entlassung aufgrund eingefahrener Verhaltensprobleme sind in der Praxis zwei spezifische Abmahnungen nötig. Der Arbeitnehmer sollte die Chance erhalten, darauf einzugehen und das Problem aus der Welt zu schaffen oder gegen die Beschwerde Einspruch zu erheben. Verletzungen der Entlassungsrichtlinien oder unehrliches Verhalten sollten aber keiner Abmahnung bedürfen. Wenn eine Entlassung Überraschung auslöst, hat das Management versagt.
2. Akkumulieren Sie für jeden Mitarbeiter eine Abfindung in Höhe von zwei Wochenbezügen für jedes Jahr der Betriebszugehörigkeit. Das heißt, daß Rückstellungen verfügbar sind, um den Schlag für Arbeitnehmer und Arbeitgeber in Grenzen zu halten. In Rezessionszeiten oder bei anderen Umsatzeinbrüchen ist die Versuchung dann geringer, billig und unehrenhaft zu handeln und mit Abfindungen zu knausern. Die Buchführungspraktiken führen in Unternehmen zu gegenteiligem Verhalten, in der Annahme, daß alle Geschäfte immer weitergehen. Die Annahme ist falsch, also ist das Verhalten falsch.
3. In Arbeitsverträge gehört eine Klausel, die bei Konflikten eine bindende Schlichtung vorsieht. Gerichtsverfahren sind durch ihre lange Dauer für Arbeitnehmer eine unbillige Härte. Gerichtsurteile können Arbeitgeber schwer schädigen. Schlichtung ist das Beste.

Kapitel 19

Kompetenzen klar abgrenzen

Es begann als Bill Lears Traum. Anfang der sechziger Jahre gab die Schweizer Regierung den Wettlauf mit den Amerikanern und Sowjets im Waffengeschäft auf und entzog einem geplanten Schweizer Düsenbomber die Finanzierung. Lear nutzte diesen Rückzug und kaufte der Schweizer Regierung Entwürfe und Gerät für den Jet ab. Es war ein Notverkauf, der Preis war gering.

Seine Idee war einfach, ebenso die Annahme, auf der sie beruhte. Er wollte den ersten Privatjet der Welt bauen und war bereit zu wetten, daß es viele erfolgreiche Leute und schamlose Regierungen gab, die einen haben wollten oder sogar dachten, einen zu brauchen.

Lear nahm alles Gerät mit zurück nach Wichita im US-Staat Kansas und gründete dort Learjet. Das Flugzeug war ein Spielzeug für die Reichen und ein Werkzeug für die Begabten. Es war wahrhaft ein Jet. Wenn man es senkrecht stellte, konnte es in fünf Minuten 10000 Meter Höhe erreichen.

Lear hatte eine großartige Idee, aber das Geld ging ihm aus. Da ging er zu Charlie Gates, dem Gates Rubber of Denver gehörte. Gates kaufte die Konzession, Gates Learjets in den USA ab Flughafen Stapleton in Denver zu verkaufen. Alles übrige von Learjet einschließlich der Produktion blieb, wie es war, in Wichita.

Die Zweckehe brach zwanzig Millionen Dollar später zusammen. Es lag am Zusammenprall von Egos und an Weigerungen,

Informationen auszutauschen oder zusammenzuarbeiten. Ich weiß es, denn ich war daran beteiligt.

Ränkespiele mit Fehlinformationen, übler Nachrede und Verbreitung von Mißtrauen sind in manchen Unternehmen beliebt. Ist man einmal dabei, erscheint das Spiel notwendig und macht manchmal sogar Spaß. Im Nachhinein, nach einem Zusammenbruch, erweist es sich als kindisch und zerstörerisch.

Gates Learjet in Denver heuerte mich 1968 als Manager für Öffentlichkeitsarbeit an. Es war ein Nervenkitzel. Der schwierige Teil war mental. Ich mußte die Idee verkaufen, daß Learjets notwendige und effiziente Hilfsmittel für eine Masse von auf Schnelligkeit angewiesenen Managern und Staatsbediensteten waren. Das hatte ich zunächst einmal mir selbst zu verkaufen. Es dauerte einige Zeit, doch dann verstand ich: Ich fahre Ski, andere fliegen Learjets. Nur ein kleiner Preisunterschied.

Wir verkauften die Jets, indem wir einige Annahmen über Geld- und Zeitersparnisse bis zum Äußersten dehnten und die Dehnungen in einem Ringordner mit dem Titel »Reiseanalyse« unterbrachten. Die Annahmen konnten einer genauen Überprüfung nicht standhalten, schienen aber die Kritik von Bankern und potentiellen Aktionären zu neutralisieren. Dann wurde mir Berühmtheit zuteil. Ich flog mit dem Chef des Rocky-Mountains-Büros der Zeitschrift *Business Week* zum Mittagessen nach Wichita und am gleichen Tag zurück. Eine ähnliche Reise unternahm ich mit einem freien Journalisten, der für *Fortune* schrieb.

> *Wenn Vorstellungen beherrschend und Ergebnisse unbedeutend werden, ist es Zeit, sich zurückzulehnen und die Prioritäten neu festzusetzen.*

Es machte Spaß und ich wurde mit allen möglichen Leckerbissen für die Presse versorgt. Besonders beliebt war die Geschichte, wie Bill Lear die Vorderseite des Flügels neu entwarf und dann Angebote von 200 000 Dollar für die Konstruktion ausschlug. Statt dessen heuerte er am Ort einen Karosserieausbeuler an und zahlte ihm mehr, als der je in einem Jahr verdient hatte, sparte damit aber weit mehr als 150000 Dollar. Und er bekam es in zwei Tagen statt in anderthalb Jahren gemacht.

Das Problem mit den Leckerbissen war, daß es nicht nur meine Leckerbissen waren. Ich hatte Konkurrenz. Das Problem mit der Konkurrenz war, daß sie vom gleichen Unternehmen kam. Ich war für Gates Learjet in Denver tätig, meine Konkurrenten waren drei PR-Leute, die für Learjet in Wichita arbeiteten. Es war scheußlich.

Keinem war die Verantwortung übertragen worden, also übernahm jeder von uns die Verantwortung. Jeder belieferte die gleichen Reporter mit Geschichten. Da wir miteinander konkurrierten und es offen gestanden nicht genug Neuigkeiten zur Verbreitung gab, wurden wir schöpferisch, manchmal auch unaufrichtig.

Wir waren im gleichen Unternehmen, sprachen aber selten miteinander. Alles war geheim. Einmal hatte ich eine Presseverlautbarung herausgegeben, in der es hieß, wir hätten im vergangenen Jahr 22 Flugzeuge verkauft. Ein Reporter von *Fortune* rief mich an und sagte, er habe eine Pressemitteilung aus Wichita, nach der nur 18 Flugzeuge verkauft worden waren. »Was stimmt?« fragte er.

Das war eine gute Frage. Doch wer wußte es? Alles basierte auf Aufträgen, doch manche Aufträge waren fest und manche weniger fest, und es gab Planungen für Learjet und für Gates Learjet. Wir kämpften alle verbissen um die meiste Tinte. Mehr Pressemitteilungen bedeuteten eben mehr Möglichkeiten für Widersprüche. Das war üblich und es schien normal zu sein.

Einmal wollte der Herzverpflanzungschirurg Michael Debakey in Houston einen Jet kaufen. Sein Geschäftsführer sprach mit uns in Denver und auch mit den Leuten in Wichita. Wir sagten ihm, es sei unmöglich, in ein so kleines Flugzeug ein Badezimmer einzubauen. Die Leute in Wichita wußten es besser und sagten es ihm. Natürlich hatten sie uns nie gesagt, daß vor einem Jahr die neue Option ausgearbeitet worden war. Als wir danach fragten, hatten sie uns sogar gesagt, Badezimmer seien nicht möglich.

Nach dem Badezimmervorfall rannten die Wichita-Leute zum Firmeneigentümer Charlie Gates, nannten mich und meine Kollegen in Denver inkompetent und behaupteten, sie könnten die

Öffentlichkeitsarbeit allein besser machen. Nun waren wir in Denver auch nicht gerade Engel. Wir mischten uns in die Produktion in Wichita ein, indem wir die Fabrik von General Electric anriefen, die alle Motoren für die Jets herstellte. Nachdem Wichita Motoren gemäß eigener Bedarfsvorausschau bestellt hatte, garantierten wir General Electric, wir könnten noch ein Dutzend Motoren verkaufen, und GE stellte sie her.

Doch die Umsätze sackten ab, wie es die Leute in Wichita für möglich gehalten hatten. Als Wichita versuchte, die Motorenbezüge zu verlangsamen, kam heraus, daß die »Denver-Träumer«, wie man uns in Wichita abschätzig nannte, die Abnahme garantiert hatten, so daß nichts dagegen zu tun war. Ein Dutzend Motoren für je 200000 Dollar standen fast ein Jahr lang herum, bevor sie gebraucht wurden. Autsch!

Jeder beschwerte sich über jeden. Es war anhaltend, hinterhältig und schädlich. Gates Learjet war in ein paar Jahren verschwunden, eine 20 Millionen Dollar teure Lektion über die Kosten von Intrigen und verschwommenen Zuständigkeiten. Learjet wurde verkauft und startete schließlich durch, als die neuen Eigentümer den Zuständigkeitswirrwarr abschafften und die Energien darauf lenkten, neue Modelle für den sich wandelnden Markt zu entwickeln. Was für ein Konzept!

In jedem Unternehmen wird bis zu einem gewissen Grad planvolles Intrigieren auftreten. Nichts schwächt eine Organisation schneller, als wenn solches Verhalten die Resultate überschattet. Die Erfolgreichen wissen, wie man offen und direkt verfährt, ohne Ränkespiele und ohne das verbissene Bemühen, um jeden Preis immer oben und voraus sein zu wollen.

Wenn Vorstellungen beherrschend und Ergebnisse unbedeutend werden, ist es Zeit, sich zurückzulehnen und die Prioritäten neu festzusetzen.

Wie Sie klare Verhältnisse schaffen

1. Legen Sie für jede Stelle genau die damit verbundenen Verantwortlichkeiten fest. Definieren Sie Ziele so deutlich und meßbar wie möglich, und unterstützen Sie jede und jeden beim Bemühen, diese Ziele zu erreichen. Machen Sie Mut zur Teamarbeit und verhindern Sie Ränkespiele, wie sie mit dem Ziel betrieben werden, andere »dranzukriegen«.
2. Setzen Sie nie Schattenkabinette oder Spione ein. Jede Mitarbeiterin und jeder Mitarbeiter sollte für ihre oder seine Arbeit selbst verantwortlich sein. Das reduziert die Kosten und Belästigungen von zu vielen Aufsehern. Schaffen Sie jede Position ab, in der die Worte »Assistent«, »Koordinator« oder »Verbindungs-« vorkommen. Geben Sie den Betroffenen wirkliche Aufgaben.
3. Wenn Mitarbeiter(Innen) sich über Kolleginnen oder Kollegen beschweren, lassen Sie sich in deren Gegenwart die Beschwerde vortragen. Stellen Sie sicher, daß keine Mißverständnisse aufkommen, spielen Sie also nicht Henry Kissinger, indem Sie zwischen beiden Seiten hin- und herpendeln, erzwingen Sie das Gespräch von Angesicht zu Angesicht.

Kapitel 20
Management durch Herumwandern

David Packard und Bill Hewlett verstanden sehr viel mehr als reine Technologie, als sie ihr Unternehmen in Palo Alto, Kalifornien, starteten. Sie verstanden Menschen. Deshalb wuchs ihre Firma aus einer kleinen Garage in Packards Hinterhof zum Marktführer für Prüfinstrumente, Taschenrechner, Computer, medizinische Geräte und technische Verfahren heran.

Anfang der achtziger Jahre wurde ihr Erfolg legendär und zog daher Aufmerksamkeit aus allen Ecken an. Unternehmensberater, Wirtschaftsbuchautoren und Kommentatoren in den Medien studierten Hewlett Packard, und alle kamen praktisch zur gleichen Schlußfolgerung, die wirklich ganz einfach war und sogar ein Akronym bekam: MBWA, Management By Walking Around. Dieses Management durch Herumwandern, ein tatkräftiges System, betonte die Künste des Zuhörens und der Anteilnahme am täglichen Betrieb im gesamten Unternehmen. Es hatte nichts Geheimnisvolles an sich.

Bill Hewlett blieb dabei, alle Betriebsgebiete zu erwandern, so auch die Versandabteilung, um zu sehen, wie der Strom der ein- und ausgehenden Bestellungen gerade floß. Er lernte eine Menge an den Laderampen. Er ging weiter, wenn er zufrieden war, wußte aber, daß er bald wiederkommen würde.

Danach pflegte er zur Produktion zu gehen, um am Montag von den Arbeitern im Werk die Absonderlichkeiten schwieriger Lötstellen erklärt zu bekommen, und am Dienstag die Veränderlichkeit der Widerstände zu erkunden. Oft verbrachte er Tage bei der Produktion. Stets versuchte er zu durchdenken, wie sich eine bestimmte Veränderung im Design auf alle Produktionsbeschäftigten auswirken würde.

Hewlett war aber von Beruf Wissenschaftler, und da schlug seine Grundeinstellung richtig durch. An einem Samstag hielt er inne, um einige Montagearbeiten zu überprüfen, und stellte fest, daß er ein Mikroskop benötigte. Alle Mikroskope waren aber über das Wochenende eingeschlossen. Hewlett war frustriert. Das war seine Firma. Das waren seine Mikroskope. Nicht nur seine. Sie gehörten dem Unternehmen, jedem im Unternehmen, der zu ihrer Benutzung qualifiziert war. Er war qualifiziert.

Die Mikroskope waren aber weggeschlossen. Für ihn war das völlig sinnlos, also tat er das einzige, was ihm logisch erschien: Er nahm eine Brechstange und brach das Schloß der Gittertür über dem Gerätebereich auf.

Hewlett nahm das Mikroskop, doch bevor er den Raum verließ, schrieb er eine Notiz für die Person, die am Montag aufschließen sollte. Die Notiz lautete: »Bitte schließen Sie nie wieder diese Geräte weg«, und war von Bill Hewlett unterschrieben.

Beim Management by Walking Around geht es vor allem darum, Mitarbeitern zuzuhören und am Tagesgeschäft teilzunehmen.

Ebenso engagiert befaßte sich David Packard mit der Verbesserung der täglichen Betriebsabläufe. Er bemühte sich, immer mehr über die internen Abläufe zu lernen, und schaute sich ständig nach Verbesserungsmöglichkeiten um. Manchmal überprüfte er die Außenstände, um zu sehen, ob Kunden ihre Zahlungen verlangsamten. Gelegentlich begleitete er einen neuen Vertreter bei einem unangemeldeten Kundenbesuch, um den Vertreter kennenzulernen und ein Gefühl für das Geschehen vor Ort zu behalten.

Die Gewinne von Hewlett Packard stiegen 1994 auf 1,6 Milliarden Dollar. Sie wuchsen, indem die Hierarchie daran gehindert wurde, sich so auszuwachsen, daß der Kontakt mit der Basis verlorengegangen wäre. Hewlett und Packard behielten mittels ihrer Betriebswanderungen den Kontakt, und beim Wachstum des Unternehmens stellten sie sicher, daß die Praxis der Betriebswanderungen vom mittleren Management fortgesetzt wurde. Das taten sie aus einem einzigen Grund: Es funktionierte mit Erfolg.

Wie Sie das Gefühl für Ihr Geschäft behalten

1. Durchwandern Sie Tag und Nacht den Betrieb und stellen Sie Fragen. Gehen Sie nicht immer zur gleichen Zeit und besuchen Sie verschiedene Schichten – die Nachtschicht hat andere Belange, Probleme und Vorschläge als die Tagschichten. Nehmen Sie an der Drecksarbeit teil. Gehen Sie zu schwierigen Zeiten auf Verkaufsreisen mit, um zu zeigen, wie ernst Ihnen das Geschäft ist.
2. Schaffen Sie das Gästebuch beim Empfang ab. Es dient keinem Zweck, außer besuchenden Vertretern ihre Konkurrenten zu offenbaren. Öffnen Sie sich der Außenwelt und schalten Sie die Paranoia aus.
3. Besuchen Sie entlegene Stellen, statt nur schriftlich zu verkehren. Wenn die Stelle keinen Besuch wert ist, ist sie nicht wert, erhalten zu werden. Verwenden Sie so wenig elektronische oder schriftliche Kommunikation wie möglich. Unterhalten Sie sich mehr, diktieren Sie weniger.

Kapitel 21

Schulden kontrollieren

Intermark war eine Holdinggesellschaft in La Jolla, Kalifornien, deren Aktien an der American Stock Exchange in New York gehandelt wurden. Das Unternehmen kaufte ständig auf Pump. Sein Zugriff war magisch. Intermark borgte bis zum Äußersten und kaufte mehr und mehr.

Ich war Chefmanager von Franklin Press, einem gut geleiteten Druckereiunternehmen im staubigen San Bernardino (Kapitel 12). Ich kannte Intermark, denn Intermark kaufte Franklin Press und heuerte mich dann zur Leitung der Druckerei an.

Intermark versprach, Franklin mit Arts & Crafts Press zu kombinieren, sofern ich das Druckereigeschäft erlernen würde. Das Ziel war, danach noch eine Druckerei aufzukaufen und die Gruppe nach fünf Jahren an der Börse einzuführen. Das Vorhaben war von mir ersonnen, und erstaunlicherweise klappte es fast. Fast.

Es sah nach Gelingen aus, als Intermark 1983 einen rapiden Aufschwung nahm. Intermark besaß etwa ein Dutzend Unternehmen und war schwungvoll im Gang, als es sich entschloß, eine Reihe von Riesenschritten zu unternehmen. Es erschien großartig, doch Intermark entschied sich, eine andere Richtung einzuschlagen.

Ich wollte nur drei Millionen Dollar in bar und weitere acht Millionen in Schuldscheinen, um Graphic Arts Center zu erwerben. Doch Intermark entschied sich für andere und weit größere Übernahmen. Aufgekauft wurde eine 50 Millionen-Dollar-Reifenfirma, eine riesige Sportartikelgroßhandlung und dann noch Pier One. Plötzlich hatte sich Intermark mit etwa 300 Millionen Dollar neu verschuldet, nur um den Erwerb der drei Firmen bezahlen zu können.

Als ich das Management von Intermark erstmals auf Graphic Arts Center ansprach, schrie der geschäftsführende Vizepräsident, das sei »verrückt«. Schließlich überredete ich Intermark zur Aufnahme von Verhandlungen, und Graphic Arts Center wurde widerwillig gekauft, etwas teurer, als es mit enthusiastischerem Vorgehen möglich gewesen wäre.

Im ersten Jahr stiegen die Gewinne von Graphic Arts Center von 1,5 Millionen Dollar auf 2,2 Millionen. Im nächsten Jahr schrumpften die Gewinne drastisch, deshalb strichen wir die Ausgaben zusammen, worauf die Gewinne im Folgejahr auf über drei Millionen Dollar kletterten. In drei Jahren hatten wir damit die Hälfte unserer Investition durch Gewinne wieder hereingeholt, dann verkauften wir die Firma für 25 Millionen Dollar. Intermark hatte gut verdient.

Wenn Sie immer auf doppelt oder nichts spielen, ist das Ergebnis immer das gleiche.

Mit seinen anderen Erwerbungen hatte Intermark allerdings nicht so viel Glück. Die aufsehenerregenden Übernahmen von Firmen, auf die sich Intermark gestürzt hatte, machten sich nie auch nur annähernd bezahlt.

So ging Intermark 1992 in Konkurs. Es war tragisch. Jeder, der 1973 in die Firma 20 000 Dollar investiert hatte, war 1983 mehrfacher Millionär, doch neun Jahre später waren die Millionen zum Gegenwert eines doppelten Cheeseburgers mit ein paar Pommes frites zusammengeschrumpft – sofern man die Speisen selbst zubereitete.

Das Problem von Intermark war, daß die Firma Risiken bis zum Extrem einging. Wenn Sie immer auf doppelt oder nichts spielen, ist das Ergebnis immer das gleiche. In den 80er Jahren mit ihrem stetigen Wachstum ging es gut. Doch beim ersten Schluckauf des Markts war Intermark in Schwierigkeiten. Die Verschuldung war zu weit getrieben worden.

Wenn Intermark 1983 einfach aufgehört hätte, sich zu verschulden und Firmen aufzukaufen, wäre das Unternehmen heute vermutlich ein ansehnlicher kleiner Geldverdiener. Es wäre nicht ein Milliardenchaos, sondern ein 300-Millionen-Dollar-Vermögen. Schulden werden leicht zum Untergang.

Wie Sie sich nicht von Schulden vernichten lassen

1. Stellen Sie einen »Zehn-Jahre-Überschwemmungsplan« für jeden Ihrer Geschäftsbereiche auf, so wie es ein guter Stadtplaner tut. Schätzen Sie den schlimmstmöglichen Verlauf eines Jahres und richten Sie Ihre Verschuldungen so aus, daß die Firma dieses Jahr überleben kann. Überschreiten Sie bei keinem Ihrer Pläne die dafür gefundene Verschuldungsgrenze. Ihnen entgehen damit einige Gelegenheiten, aber Sie überleben auch das Unerwartete – mit dem Sie stets rechnen sollten.
2. Berücksichtigen Sie bei der Festsetzung Ihres Verschuldungsniveaus die Verschuldungen Ihrer Konkurrenten. Wenn sie Schnecken sind, setzen Sie Ihr Limit höher und lassen Sie die Konkurrenz hinter sich. Wenn die Konkurrenten kleiner und gemeiner sind, investieren Sie intern, reduzieren Sie Ihre Schulden und geraten Sie am Markt nicht so sehr mit den Konkurrenten aneinander.
3. Wenn die Zinsen niedrig sind und Sie in Versuchung geraten, Geld aufzunehmen, tun Sie es nicht. Gehen Sie unter die Brause, machen Sie einen langen Spaziergang oder gehen Sie ins Kino. Nehmen Sie nie Geld auf, weil es billig ist, sondern nur, wenn überwältigende Geschäftsmöglichkeiten Sie dazu zwingen.

Kapitel 22

Computerfallen vermeiden

Metaltreet ist eine Tochterfirma von Precision Machine Company of Seattle. Precision Machine ist der größte Hersteller von Metallteilen im Westen der USA.

Es war Januar, und der langsame Regen war kälter, als in Seattle üblich. Am Vortag war ich Chefmanager von Precision Machine Company geworden. Ich trat an die Stelle eines Veteranen mit 33 Dienstjahren als Chef, der in den letzten zwei Jahren abgeschlafft war. Das war nicht mehr sein Unternehmen. Es war vom Werksleiter geführt worden. Und von Zahlen.

In den vergangenen zwei Jahren war Precision Machine rasch gewachsen. Dabei hatte die Firma mit der Anschaffung von immer mehr Ausrüstungen über ihre Verhältnisse gelebt. Die Umsätze stiegen sprunghaft, aber die Schulden noch stärker. Ich war angestellt worden, weil der alte Chefmanager gefeuert worden war. Sein Abgang kam, als die Wirtschaft kurz aufstieß und Gewinne einfach verschwanden. Bei meiner Anstellung hatte ich 33 Jahre weniger Erfahrung in Metallverarbeitung als mein Vorgänger.

Zu Beginn meiner Arbeit sah ich, daß die Belegschaft des Unternehmens hart arbeitete, die harte Arbeit aber in die falsche Richtung gelenkt wurde. Der Mitarbeiter, der sich am härtesten einsetzte, war der Werksleiter. Er war manisch arbeitsbesessen und wußte, was seine Aufgabe war. Er schuf Berichte.

Einen Tag nach Übernahme der Leitung besuchte ich unsere

Tochtergesellschaft, Metaltreet, die darauf spezialisiert war, Teile nach ihrer Herstellung zu bearbeiten. Bei der Bearbeitung handelte es sich um Verminderung innerer Spannungen, Abgratung scharfer Kanten oder Kugelbestrahlung von Oberflächen zur Beseitigung von Unebenheiten. Metaltreet führte alle diese Arbeiten für die Muttergesellschaft und für Konkurrenten aus.

Ich traf den Generaldirektor, Bill Holiday, in seinem Büro. Er war offen und freundlich und glücklich, Aufmerksamkeit zu bekommen.

Wir schüttelten uns die Hände und setzten uns. Als ich saß, bemerkte ich einen Stapel Computerausdrucke auf seinem Schreibtisch. Ich fragte ganz unschuldig danach, ich war einfach neugierig.

»Bill, wie verwenden Sie diese Berichte?«

Er schaute mich an, grinste und zog den Stapel zu sich her.

»Ich bekomme davon meine Büroklammern«, sagte er.

»Ich verstehe nicht.«

»Schau'n Sie nur.«

Er hob den Bericht aus weiß und grün gestreiften Computerbögen auf, der gut einen halben Zentimeter dick war, und zog die dicke metallene Büroklammer davon ab. Er griff in eine obere Schreibtischschublade, nahm eine übergroße Kaffeetasse heraus, ließ die Büroklammer in die schwarze Tasse fallen und stellte die Tasse zurück in die Schublade. Dann stieß er den Bericht über den Schreibtischrand. Er plumpste in den Ausgangskorb.

Kann eine Volkswirtschaft überleben, wenn 30 Millionen Menschen Tabellen und Grafiken erstellen?

»Ich beschwere mich nie und sie beschweren sich nie«, sagte Bill, »ich habe eine Menge anderer Dinge zu tun, und dies erspart mir die Suche nach Büroklammern.« Er lächelte. Ich verstand, wie er dazu kam. Es war aber eine Täuschung, alles war Täuschung, besonders die Berichte. Die Informationsabteilung fühlte sich wohl, weil sie so produktiv bei der Abfassung von Berichten war.

Die Abteilungsleiter schätzten sie nur wegen der Büroklammern, und das Spitzenmanagement hörte nie etwas davon, so daß es der Meinung war, alles sei unter Kontrolle, enthielten die Berichte doch so viele Informationen. Die meisten waren nutzlos. Es waren Informationen, die niemand wollte.

Wir lösten das Problem so: Der Leiter der Informationsabteilung wurde im Rang eine Stufe herabgesetzt. Jetzt konnten die Leiter von Vertrieb, Produktion und Buchhaltung ihn ein wenig herumstupsen. Die Informationsabteilung wurde wieder eine Serviceabteilung. Sie diente, sie diktierte nicht mehr. Das Problem der Überbeanspruchung von Ausgangs- und Ablagekörben war gelöst.

Es gibt in den USA etwa 20 Millionen Besitzer der Tabellenkalkulationssoftware Lotus-1-2-3. Hinzu kommen wahrscheinlich noch zehn Millionen Besitzer von anderer Kalkulationssoftware. Kann eine Volkswirtschaft überleben, wenn 30 Millionen Menschen Tabellen und Grafiken erstellen? Das sind 30 Millionen Menschen, die nichts produzieren, was sich verkaufen läßt.

Früher mußten die Menschen denken und handeln. In den dunklen siebziger Jahren diskutierten wir bei Honeywell, wo ich Direktor des Produktmanagements war, über voraussichtliche Kosten und Erlöse eines potentiellen Diaprojektors. Wir kämpften. Dieser würde sich besser verkaufen als der andere, sagten wir. Nein, der andere hat das größere Absatzpotential, entgegnete eine andere Gruppe. Die Gemüter erhitzten sich und die Beteiligten gingen für ihre Überzeugungen auf die Barrikaden. Unsere Wortgefechte gingen um die finanziellen Vorteile von zwei Prototypen.

Eine Gruppe war für die Produktion des Projektors mit einem Endverkaufspreis von 99 Dollar und einem erwarteten Jahresabsatz von 50 000 Stück, die andere Gruppe sprach sich für den 149-Dollar-Projektor mit einem voraussichtlichen Jahresabsatz von 25 000 Stück aus. Warum die Debatte? Weil die Entscheidung getroffen werden mußte, bevor die Erbsenzähler auf den Plan kommen konnten. Es gab keine Zeit für detailliertes Durchdenken einer Vielzahl von »Was ist, wenn ...«-Situationen. Sowie wir entschieden, was zu beiden Preisen die wahrscheinlichsten Absatzmengen und wie hoch die wahrscheinlichsten Produktionskosten sein würden, nahmen sich die Buchhalter diese Zahlen vor, um zwei lange Wochen qualvoll manuell alle Einzelheiten zu berechnen.

Nicht so heute. Wie kommt es zu schlechten Kalkulationen? Jeder Manager hat einen PC. Die meisten haben eine Kalkulationssoftware, die ihnen Antworten in 20 Minuten ausspuckt. Ist die Antwort unbefriedigend, werden einfach die Annahmen geändert: Höherer Absatz, geringere Kosten, mit Tastaturzauberei kommt man zu annehmbareren Resultaten.

Die Agonie ist vorbei, die Seelenqual entschwunden. Das Problem ist weg. Der Denkprozeß hört hier auf. Keiner denkt mehr über die Annahmen nach. Sie werden geschaffen, um zu den gewünschten Resultaten zu passen. So werden schlechte Produkte geboren.

Wie Sie Ihre Mannschaft von der Computertyrannei befreien

1. Vereinfachen Sie. Lassen Sie alle Computerberichte wegwerfen, die am Ende des Tages noch keine Eselsohren haben. Halten Sie jedes Jahr wenigstens ein Berichtvertilgungstreffen ab, bei dem niemand den Raum verlassen darf, bevor nicht drei oder vier Berichte begraben wurden. Fragen Sie jeden, welche Berichte verwendet werden und was für Maßnahmen daraufhin ergriffen wurden. Alles, was nicht gelesen wird, aber auch alles, was zu keinen Maßnahmen führt, stirbt.
2. Verkaufen Sie Ihren Zentralrechner sofort. Das meiste Abgespeicherte brauchen Sie nicht mehr. Sie werden keinen guten Preis bekommen, aber im nächsten Jahr erhalten Sie noch viel weniger dafür. Werden Sie die ungenutzte Kapazität los, solange Sie überhaupt noch etwas dafür bekommen. Lassen Sie jede Abteilung ihre eigenen PCs kaufen, wenn es sich rechnet, was gewöhnlich nicht der Fall ist. Verlangen Sie den Nachweis, daß die PC-Anschaffung Arbeitskosten spart, nicht bei irgendwelchen wünschenswerten Aktivitäten, sondern bei gegenwär-

tigen Tätigkeiten. Sind nur geringe Kosteneinsparungen absehbar, unterlassen Sie die Anschaffung, denn noch nie hat ein Computer die erwartete Leistung mit weniger Bedienungsarbeit geleistet als vorausgesagt. Lassen Sie keine Abteilung die PC-Anschaffungen »koordinieren«. Vernetzungen sparen nie genug Arbeit, um Beaufsichtigungskosten für das Netzwerk zu rechtfertigen.

3. Sagen Sie jede Konferenz zur Diskussion von Kalkulationen ab. Erlauben Sie keine Gruppenerörterung dieser Zahlenwerke. Wechseln Sie das Thema zu einer Erörterung der Annahmen (Markt, Kosten, Preise), die in die Kalkulation eingehen. Wenn Konsens über die Annahmen erreicht ist, kann jeder mit einem PC die Kalkulation in Minuten durchführen.

Kapitel 23
Konferenzen produktiv gestalten

Es verblüffte mich. Bis zu meinem Arbeitsbeginn bei Checks To-Go gab es dort keine Abteilungsleiterkonferenzen. Das schien großartig zu sein, war aber schädlich. Es wäre ein großer Gewinn an Lebensqualität, die meisten Konferenzen los zu werden, doch dann wüßte niemand, was er aus anderen Abteilungen wissen müßte. Es würde ins Blaue geraten.

Bei Checks To-Go wußte die Produktionsleitung nicht, was der Vertrieb nächsten Monat zu tun hoffte. Es wurde geraten. Die Finanzabteilung wußte nicht, wie sich die Produktionskosten wohl entwickeln würden, und sie sagte dem Vertrieb auch nicht, wie dessen Niedrigpreisangebote die Gewinne beschnitten. Keiner teilte sich mit, und jeder erging sich, wenn nötig, in Vermutungen über die anderen.

Was für ein System.

Da gab es nur eine Lösung. Ich berief eine Konferenz ein. Die Unterhaltung begann etwa so:

»Wir machen Verluste.«

»Was heißt hier Verluste? Der Absatz ist um 30 Prozent gestiegen.«

»Großartig. Sie haben 15 Prozent mit Werbung verspielt. Und nicht nur das. Davon war nichts geplant, so daß wir die Formulare für Peachtree per Sonderauftrag mit Aufpreis bestellen mußten.«

Was für eine Überraschung. Wir blieben aber am Ball. Die erste Konferenz hatte noch unangenehme Ecken und Kanten, als wir versuchten, unsere verschiedenen Perspektiven zu erläutern. Und *wie* die Perspektiven verschieden waren, daraus ergaben sich manchmal Spannungen. Wir blieben jetzt aber dabei, regelmäßig einstündige Konferenzen abzuhalten.

Bei jeder Konferenz hielten wir uns ganz eisern an die Dauer von nur einer Stunde; frei nach dem großen Wirtschaftsführer Yogi Berra: Wenn sie zu Ende war, war sie vorbei. Jede Woche kamen wir nun einmal eine Stunde zusammen. Nach zwei Monaten, in denen Bissigkeit und Bitterkeit von Konferenz zu Konferenz dahinschmolzen, begannen die Manager zu verstehen, was Teamarbeit ist und warum sie funktioniert, was sie selbst zu tun hatten und was sie von anderen erwarten konnten. Sie sahen ein, daß der Zweck von Konferenzen ist, Probleme zu entdecken und zu lösen, nicht aber, anderen Schuld zuzuschieben. Als jeder das begriffen hatte, wurden Erfordernisse und Zusammenhänge immer klarer.

Der Zweck von Konferenzen ist, Probleme zu entdecken und zu lösen.

Das veränderte den Geschäftsbetrieb. Endlich gab es Unterhaltungen wie die folgende:

»Können wir im Juni eine weitere Werbekampagne laufen lassen?«

»Wir sind etwas knapp, aber wenn Sie es auf die zweite Monatshälfte verschieben, können wir ohne Sonderauftrag genug Formulare bekommen.«

»Großartig. Wenn wir heute einen Postversand zum Massentarif durchführen, dürften wir genau zur rechten Zeit etwas Extrageschäft ohne viele Extrakosten hereinholen.«

»Wir sind dann bereit.«

»Wir machen's und schau'n mal, was passiert.«

Was für eine Firma. Die Gewinne stiegen prächtig. Die Zeitschrift *Inc.* führte Checks To-Go 1984 als eines der 500 am schnellsten wachsenden Unternehmen der USA auf, und

1987 erzielte die Firma die höchsten Betriebsgewinne der Branche.

Im März 1988 übernahm Wescert Checks To-Go und dachte, wenn *eine* Konferenz so wirksam war, müßte sich mit einer Reihe von Konferenzen noch Besseres erreichen lassen. Der Konferenzplan wurde auf 16 Stunden pro Woche und auf jedes denkbare Thema ausgedehnt. Die Szenen waren köstlich, die Mitarbeiter starrten einander an, während sie eine Vorausschau nach der anderen entwarfen. Sie planten und planten um. Sie redeten, redeten und redeten über Arbeit.

Sehen Sie das Problem? Sie redeten über Arbeit, sie arbeiteten nicht! Nur ein oder zwei der 16 Stunden waren produktiv – der Rest war Mundmuskeltraining. Nicht, daß sich Animositäten entwickelt hätten. Alle kamen sehr gut miteinander aus, tatsächlich machten die Konferenzen sogar Spaß. Das Problem war, die Manager verbrachten praktisch zwei Tage der Woche im geselligen Beisammensein der Konferenzen, während sich Arbeitsrückstände bei ihnen türmten.

Alle Planung nutzte nichts, denn Checks To-Go verlor seine Kundenbasis und ging deshalb, 18 Monate nachdem es den Gewinnen nach zum Spitzenreiter der Branche aufgestiegen war, unter.

Wie Sie Koordination ohne übermäßige Kontrollen erreichen

1. Setzen Sie drei bis sechs Stunden pro Woche für Konferenzen an. Wenn mehr als zwei Leute miteinander reden, ist es eine Konferenz.
2. Wenn mehr als fünf Personen an einer Konferenz teilnehmen sollen, schicken Sie ihnen im voraus eine Tagesordnung mit Termin und Dauer. Halten Sie sich genau daran. Lassen Sie separate Gespräche außerhalb der Konferenz stattfinden. Wenn zwei oder drei ein Problem lösen können, behelligen Sie die anderen nicht damit. Beauftragen Sie am Schluß irgend

jemanden mit der Niederschrift der beschlossenen Maßnahmen und der Personen, die mit der Durchführung beauftragt wurden.

3. Lassen Sie bei den meisten Konferenzen jeden und jede über ein Thema referieren. Schicken Sie alle hinaus, die nur zum Zuhören kommen. Setzen Sie sie später ins Bild. Konferenzen sind für Beitragende, nicht für Zuhörer.

Kapitel 24
Barrieren zwischen Mitarbeitern beseitigen

Monument Industries, einem Hersteller von architektonischen Marmorornamenten in Broadfield, Nebraska, ging es gut, bis der Gründer des Unternehmens, ein Steinmetz, 1982 starb. Sein Sohn wurde Nachfolger, und zwei Jahre später wurde ich gerufen, um die Firma zu retten.

Der Sohn des Gründers war furchtbar schüchtern und wollte die Firma eigentlich gar nicht leiten. Er überwand sich aus Pflichtgefühl dazu und begann, dem Unternehmen seinen Stempel aufzudrücken. Er hatte sich an der Rückseite des Gebäudes ein neues Büro mit einem privaten Eingang bauen lassen. Innerhalb von zwei Jahren versiegten die Gewinne, und Monument Industries mußte anfangen, einige seiner 300 Mitarbeiter zu entlassen.

Als ich ankam, fand ich, daß jedermann so verschlossen und Ränke schmiedend geworden war wie der Sohn des Gründers. Die Produktion war ausgeweitet worden, ohne daß vorher mit Vertrieb und Buchhaltung Kontakt aufgenommen wurde. Vertrieb und Buchhaltung hatten »Verbindungsleute« und »Koordinatoren« für den Kontakt miteinander ernannt.

An meinem ersten Tag hatten zwei Lastwagen fertige Platten auf unserer Rampe abgeladen. Das war falsch. Wir hatten fertige Platten zu verschicken und nicht zu bekommen. Natürlich stellte sich heraus, daß verärgerte Kunden sie zurückgeschickt hatten.

»Was ist schiefgegangen?« fragte ich den Vorarbeiter beim Versand.

»Oh, äh, das müssen Sie meinen Aufseher fragen«, sagte er und trat nervös von einem Fuß auf den anderen. Er hatte Angst, es mir zu sagen, das war nicht seine Sache. Das mußte schon der Aufseher sagen. Es war wie bei den Behörden, für das Unangenehme ist immer einer weiter oben verantwortlich.

Im Gebäude gab es kaum etwas außer einem Gang mit geschlossenen Türen. Mein Schreibtisch war unter einem Berg von Hausmitteilungen begraben. Den ganzen Nachmittag beobachtete ich. Selten wurde gesprochen, und wenn, unterhielt man sich verstohlen. Die, die redeten, duckten ihre Köpfe hinter Türen, als wollten sie nicht gesehen werden. Sie beugten praktisch alle die Knie vor mir, aber nicht in Ehrfurcht, sondern aus Furcht.

Bevor ich an diesem Tag die Firma verließ, ging ich zum Leiter der Wartung und sagte ihm: »Nehmen Sie heute nacht jede Innentür heraus, außer denen zu den Toiletten und zum Computerraum. Stapeln Sie sie auf dem Parkplatz, so daß jeder sie ein paar Tage sehen kann, und dann verkaufen Sie sie.«

»Sie müssen scherzen«, sagte der Wartungschef.

»Nicht im geringsten«, antwortete ich.

Sicher, das war theatralisch. Aber diese Mannschaft war in dramatischen Schwierigkeiten. Sie brauchte eine Show, damit die Dinge deutlich wurden.

Es half. Etwa einen Monat später kam ein Vertreter der Firma Standard Cutting, die Werkzeuge zum Meißeln von Granit herstellte, in unser Gebäude. In den letzten zwei Jahren war er nie über den Empfangsraum hinausgekommen. Er war stets nur hereingekommen, hatte seine Aufträge im Empfangsraum entgegengenommen und war zum Parkplatz zurückgeschlurft. Doch bei diesem Besuch war es anders. Er ging von Büro zu Büro, lernte unsere Leute kennen, hörte sich an, wie deren Lage war, und schilderte seine.

Bevor er ging, kam er schwungvoll in mein Büro, das keine Tür hatte. »Mir ist, als wäre ich nie hier gewesen«, sagte er, »das ist ein neues Unternehmen.« Er lächelte. »Ich habe die Arbeit einer Woche an einem Tag erledigt. Es gibt keine Wartezeiten. Es wird nicht mehr gezögert. Es ist klasse, daß Sie die Türen losgeworden sind.« Er fand das so schön, daß er seine Preise für uns um zehn

Prozent senkte. *Er* schlug das vor. Ich war nicht schnell genug gewesen, ihn darum zu bitten. »Ich kann ja jetzt mit Ihnen alles schnell und direkt abwickeln«, sagte er.

Es gab noch manches andere. Einmal zog mich der Marketing-Chef an die Seite. »Hey«, sagte er mit einem hoffnungsvollen Glanz in seinen Augen. Auch ich war hoffnungsvoll. Sein Gesichtsausdruck sagte mir, daß er etwas Gutes für die Firma vorhatte. Ganz herzlich sagte er: »Ich habe gehört, daß Sie eine Mine für Ihren Kugelschreiber brauchen. Hier haben Sie eine von meinen.« So sehr von Herzen, es war unglaublich.

Ich konnte mich nicht zurückhalten: »Hören Sie mal, Sie sind der Marketing-Leiter. Ihre Aufgabe ist, den Umsatz zum Wachsen zu bringen.« Er blickte mir in die Augen, erstaunt über die Abkehr vom »sicheren« Thema meines Kugelschreibers. Also kam ich darauf zurück. »Ich bin entsetzt, daß Sie glauben, auf meine unwesentlichen Bedürfnisse zu achten, könnte irgendeine Bedeutung haben. Ich habe in tragischer Weise dabei versagt, mich deutlich zu machen. Tun Sie so etwas nie wieder, oder wir sind beide auf dem Weg ins Verderben. Ihre Aufgabe ist Marketing, meine ist, Ihnen dabei zu helfen, erfolgreich zu sein.«

Er stand eine halbe Minute lang mit offenem Mund da. Als ihm aufging, was ich gesagt hatte, lächelte er schwach. »Gut!« sagte er. Es war barsch, aber er verstand. Tatsächlich war er nach dem Schock glücklich über die Veränderung, glücklich, gleichberechtigt zu sein, glücklich, endlich für die Sache des Vertriebs ganz frei zu sein.

Jedes Mal, wenn Sie eine geschlossene Tür sehen, klopfen Sie an und stecken den Kopf hinein. Wenn Arbeit für die Firma gemacht wird, sollte niemand verlegen sein.

Ein anderes Beispiel für die Schädlichkeit von Barrieren war Terry Randolph. Seine Aufgabe bei Monument Industries war, Anzeigenseiten für Kataloge zu entwerfen und zu drucken. Er war der Firmenkünstler.

An einem meiner ersten Tage in der Firma verschaffte ich mir einen Überblick über das Personal. Ich fragte jemanden: »Wer ist Terrys Chef?« Mir wurde gesagt, er arbeite für die Produktion. Ich ging zur Produktion. Dort hieß es, er arbeite für den Vertrieb.

Ich war neugierig, also ging ich zur Buchhaltung. Ich fand Terrys Akte. Ich wollte nachsehen, wieviel Terry verdiente und wer seine Bezahlung bewilligt hatte. Es stellte sich heraus, daß ihm seit vier Jahren keine Gehaltserhöhung mehr zugekommen war. Die letzte hatte der frühere Verkaufschef veranlaßt.

»Wer ist Ihr Chef?« fragte ich schließlich Terry selbst.

»Keine Ahnung«, antwortete er. »Keiner kümmert sich um mich, solange ich die Kataloge pünktlich fertigkriege.«

»Wer hält Sie über Firmenziele auf dem laufenden? Wer hilft Ihnen? Wer erhöht Ihre Bezüge?«

»Niemand.«

Es gab so viele Barrieren bei Monument Industries, daß Terry jahrelang abgeschottet war und keiner es wußte. Niemand.

Wie Sie in Verbindung bleiben und in Verbindung bringen

1. Jedes Mal, wenn Sie eine geschlossene Tür sehen, klopfen Sie an und stecken den Kopf hinein. Fragen Sie, ob alles o. k. ist. Wenn Arbeit für die Firma gemacht wird, sollte niemand verlegen sein. Tun Sie das fortgesetzt, bis jedem ein Licht aufgeht.
2. Schaffen Sie alle Parkplatzreservierungen für einzelne Mitarbeiter ab – außer einen für den »Mitarbeiter des Monats« in der Nähe des Haupteingangs. Das einzige Mittel, einen guten Parkplatz bei einem guten Unternehmen zu finden, ist frühes Erscheinen. Schließen Sie die Managerkantine oder öffnen Sie sie für alle.
3. Verbringen Sie die Hälfte Ihrer Arbeitszeit außerhalb Ihres Büros. Arbeiten Sie in Bereichen von anderen. Nehmen Sie in Augenschein, was vor sich geht, und lassen Sie jeden spüren, daß Sie es wissen und sich dafür interessieren. Statten Sie jedes

Büro mit direkten Telefonanschlüssen aus. Das spart Zeit, verringert Kosten, vereinfacht Telefonrechnungen und hält jeden in engem Kontakt. Türen, Wächter, Sekretäre, Sekretärinnen und Hausmitteilungen sind wenig mehr als Wege zur Vermeidung von Kontakten.

Kapitel 25
Sex ausschalten

Liebe macht blind. Bürosex macht blind. Bei Bendix lieferte der Geschäftsführer William Agee den Beweis dafür, als er jegliche Geschäftsperspektive verlor, weil er in seinen »Günstling« Mary Cunningham vernarrt war.

Mary Cunningham war intelligent genug, ebenso William Agee. Das Schlimme war, daß beide einander in wahnsinniger Lust verfielen, später, wie ich annehme, auch in Liebe, und dabei schließlich ganz aus den Augen verloren, was sie für Bendix tun sollten.

In einem Jahr, in dem ich Chef von Graphic Arts Center war, schlossen wir einen Vertrag über den Druck des Jahresberichts von Bendix – 32 Seiten, 50000 Stück pro Stunde. Es war ein guter Auftrag, also ließen wir uns einige Güterwagen Papier kommen, und alles war auf Hochtouren im Gange, als Bendix anrief. Mary Cunningham hatte gerade die Probeabzüge gesehen (die bei uns schon drei Tage herumlagen), und sie hatte eine Beschwerde.

Liebesaffären in der Firma sind Verrat am Teamgeist.

Ich hörte davon von einem unserer Vertriebsangestellten, der den Anruf entgegengenommen hatte. Als er den Hörer aufgelegt hatte, sagte er: »Wir müssen den Druck abbrechen. Cunningham mag Agees Foto nicht. Sie mag ihn lieber ohne seine Brille.«

Ein Flugzeug wurde gechartert, um einen Fotografen zu Agee zu fliegen. Vor dem gleichen Hintergrund wie auf dem abgeschmetterten Foto hielt Agee jetzt seine Brille elegant in einer Hand, statt sie auf der Nase zu tragen. Das neue Arrangement einschließlich der Maschinenstillstandzeit kostete Bendix 60 000 Dollar. Weder Cunningham noch Agee dachten jemals an die Kosten, obwohl beide sonst einen gesunden Geschäftssinn hatten und es hätten besser wissen müssen. Das Geld kam von den Aktionären, die von der kleinen »sonstigen Ausgabe« nie etwas erfuhren.

Liebesaffären in der Firma sind Verrat am Teamgeist, dennoch kommen sie auch bei den willensstärksten Naturen vor. Wenn Sie es schaffen, daß Ihre Mitarbeiter die Kunden bedienen und nicht sich gegenseitig, gewinnen alle.

Wie Sie es machen

1. Machen Sie sexuelle Belästigungen für den Ranghöheren schmerzhaft. Ethnische Herkunft, Nationalität, Politik, Religion und Sex haben in einer Firma keine Rolle zu spielen.
2. Vorgesetzte laden Untergebene des anderen Geschlechts nie einzeln zum Abendessen ein. Ein Mittagessen ist etwas anderes, meistens sollte jedoch in Gruppen eingeladen werden, und einzelne dürfen nicht häufiger als andere mit dem Chef speisen.
3. Wenn sich Affären innerhalb einer Abteilung entwickeln, versetzen Sie den höherrangigen Liebesvogel, ohne ihn zu befördern. Die Kontrolle liegt eher beim Vorgesetzten der beiden.

Kapitel 26
Kampf dem Alkoholmißbrauch

Bill Madison arbeitete gegen Ende seiner Laufbahn etwas weniger und blieb auch etliche Montage der Firma fern. Aber er war kreativ und entwickelte immer wieder Spielzeuge, die reißend verkauft wurden. Daher ignorierten die meisten Mitarbeiter seine Fahne und den starren Blick, sie taten sein nie entspanntes Verhalten als Künstlermarotte ab. Es gab viele deutliche Anzeichen, doch sie wurden alle ignoriert. Ja, er schien ein Alkoholproblem zu haben, aber das wurde ignoriert.

Er leitete eine Sektion für Spielzeugdesign von Fisher-Price in East Aurora im Staat New York. Zwei Renner seiner Gruppe waren der Popcornröster und der Ringspielsatz. Von jedem wird noch immer jährlich etwa eine Million Stück verkauft.

Ich besuchte Fisher-Price, als das Unternehmen gerade unsere kleine Spielzeugfirma in Kalifornien übernommen hatte. Wir bemühten uns, unsere Produktentwicklung an die Planung von Fisher-Price anzupassen. Madison und ich hatten uns schon einmal zum Abendessen getroffen und schon mehrfach miteinander verhandelt, als er unser Kunde war. Bei dem Abendessen hatten wir zusammen zwei Flaschen Cabernet Sauvignon hinuntergespült.

Nun hatten wir drei Tage lang mit dem Spielzeug-Auswahlkomitee die Produktvorschläge geprüft. Das Ergebnis war, daß Fisher-Price sich für das nächste Jahr für 40 von 110 Vorschlägen für neue Erzeugnisse entschied. Das war etwa durchschnittlich.

Wir hatten einige der Vorschläge umzusetzen, Madisons Gruppe ein Dutzend.

Die Entscheidungen waren gefallen, so daß alle Anspannung verflogen war. Bill sagte: »Heh, komm zu mir zu einigen Drinks, wir werden etwas kochen und uns hinhocken und reden.« Ich nahm das Angebot an. In Orchard Park, am Rand von Buffalo, fuhren wir einen kurvigen Weg unter Ahornbäumen zu einem modernen Glashaus mit drei Kaminen. Schnee fiel, als wir in die Einfahrt fuhren, die von Flutlichtern beleuchtet wurde. Das Haus sah fröhlich aus und wir waren fröhlich.

Bills Frau machte uns eine ganze Menge Grog, und er setzte im Innenhof den Grill in Gang. Es war eine bezaubernde Winternacht, und Bill und seine Frau waren in Hochform. Wir tranken die Grogs aus, und schon erschien ein Krug mit Nachschub. Plötzlich sprang das Feuer einen guten Meter weit aus dem Grill und züngelte sich am Dachgebälk empor. Bills Frau sah das, Bill nicht. Er stand daneben, doch seine Gedanken waren wer weiß wie weit weg.

Frau Madison schrie, da rannte Bill zur Garage und holte einen Sack Streusand. Er warf Sand auf das Feuer, bis es ausging. Sein Haus war gerettet, wenn auch vorübergehend verschandelt. An der Decke war ein riesiger schwarzer Fleck mit einem Durchmesser von etwa zwei Metern. Und an ein paar Stellen hatte die Farbe Blasen gebildet. »Na wenn schon«, sagte Bill.

Nichts wurde für Bill Madison getan, bis er versuchte, einen Kunden zu beißen.

Wir ließen das Abendessen aus und nahmen statt dessen eine weitere Runde Grog zu uns. Frau Madison brachte Käse und Äpfel dazu.

Bill schaffte es nicht, am nächsten Tag zur Arbeit zu kommen. Es war ein wichtiger Tag, den wir uns für die 40 ausgewählten Spielwaren eingeteilt hatten. Seine Mannschaft deckte ihn, wie sie es schon so oft getan hatte. Ich war wegen des letzten Abends und meines Anteils daran viel zu verlegen, um davon etwas zu erwähnen. Ich nahm an den Gesprächen des Tages teil, obwohl einige dringend benötigte Gehirnzellen mir den Dienst versagten.

Ich wurde später an Bill erinnert, als ich hörte, daß er bei einem Abendessen mit Spielzeugeinkäufern in New York eine hochpeinliche Figur aus sich machte. Zugegen waren einige der wichtigsten Einkäufer von den größten Warenhausketten des Landes. Viele davon kannte Madison seit dreißig Jahren.

Als die Drinks beim Abendessen flossen und flossen, wurde Bill viel lauter als alle anderen. Leise bat ein Vertreter Bill, den Raum zu verlassen. Der Speisesaal war etwa dreiviertel voll, Bill hätte aber immer noch relativ unbemerkt verschwinden können. Statt dessen nahm er noch einen Drink, dann noch einen, und dann kroch er auf allen vieren auf einen Tisch und begann zu bellen. Zwischen Lachanfällen versuchte er schließlich, einen der Kunden zu beißen.

Nichts war für Bill Madison getan worden, bis er versuchte, einen Kunden zu beißen. Danach war es zu spät. Er wurde gefeuert, wenn auch mit einer großzügigen Abfindung. Das Unternehmen bezahlte ihm auch eine Langzeittherapie. Wahrscheinlich ist er heute entweder trocken oder tot, ich habe es nie erfahren. Diese Abmachungen sind mit soviel Peinlichkeit und Verlust von Würde behaftet, daß Kontakte zu den Betroffenen abbrechen.

Es geht nicht darum, jeden Moment des Privatlebens der Mitarbeiter bewachen zu lassen. Was sie außerhalb der Arbeitszeit tun, ist ihre Sache. Hier geht es aber um Produktivität und Sicherheit.

Wie Sie gegen Suchtkrankheiten in Ihrer Firma angehen

1. Starten Sie für vermutlich suchtkranke Mitarbeiter ein Hilfsprogramm, das ihnen Beratung unter Wahrung ihrer Anonymität verschafft. Manche Unternehmen haben Alkoholbeauftragte. Das ist ein richtiger Weg.

2. Seien Sie realistisch. Wie in jeder nicht gerade winzigen Firma gibt es auch bei Ihnen Probleme mit dem Alkohol und eventuell mit Drogen. Die schlechteste Politik ist eine verschwommene, die zweitschlechteste eine, die nicht allen Mitarbeitern bekanntgemacht wird. Aufgabe des Managements ist, detailliert bekanntzumachen, welche Hilfen die Firma Süchtigen anbietet und was vom Arbeitnehmer zur Überwindung des Problems erwartet wird.
3. Wenn Alkoholgenuß die Arbeit beeinträchtigt, sprechen Sie sofort darüber mit dem Arbeitnehmer. Sie tun sich selbst einen großen Gefallen, wenn Sie sich informieren, was Alkoholismus ist. Unfälle, unberechenbares Verhalten, geschwollene und tränende Augen, laufende Nasen und Zittern *müssen* nicht Anzeichen von Alkoholismus oder Drogenabhängigkeit sein. Doch Sie können es sich nicht leisten, im Zweifel zu verharren, sondern müssen mit dem notwendigen Wissen über die Suchtkrankheiten alles beobachten. Halten Sie auch die Augen in den Toiletten offen und schauen Sie auf den Parkplätze nach Anzeichen für Suchtmittelkonsum. Menschen und Unternehmen gehen an dem Zeug zugrunde.

Kapitel 27
Schluß mit der Glücksspielerei

Den Finanzmanager, der mit dem Geld seiner Firma umging wie mit Chips im Kasino, nenne ich Ben Feders. Ich mache mir nicht die Mühe, einen Namen für das Unternehmen zu erfinden. Immerhin werden dessen Aktien an der New Yorker Börse gehandelt, und es war Bens Aufgabe, mit einer Menge Geld umzugehen.

Jeden Tag hatte Ben zu schätzen, wieviel Geld er kurzfristig und wieviel er langfristig anlegen und wann er ein wenig Geld aufnehmen sollte. Er war ganz und gar kein geselliger Spielertyp, dennoch spekulierte er an der Börse wie bei einem Glücksspiel mit hohen Einsätzen. Er ging mit dem Geld seiner Firma nach seinem Gutdünken um. Er nahm hohe Kredite auf, wenn er dachte, die Zinsen würden bald steigen, und er lud hohe Summen auf Festgeldkonten, wenn er glaubte, daß die Zinsen fallen würden.

Er zog eine regelrechte Talent-Show ab. Obwohl er ein scheuer und nervöser Typ war, mit Brille und Ersatzbatterien für seinen Taschenrechner, hatte er irgendwie die Allüren eines Spielers an sich. Er war »The Kid«, und die Leute in den Gängen der Firma schauten so zu ihm auf wie zu Berufssportlern, die für die meisten anderen schwer zu ergründende Instinkte haben.

Feders hatte anscheinend im Blut, was Tom Wolfe »den richtigen Stoff« nannte. Das dachte jeder. Es war faszinierend, wie dieser nervöse Mann innerhalb der Unternehmenskultur nahezu charismatische Züge bekam.

Auf einer Schautafel zeigte er im täglichen Wechsel mittels Grafiken seine eigenen Ideen und die Pläne der Firma. Bald konsultierten ihn Einkaufs-, Verkaufs- und Produktionsabteilung monatlich, dann wöchentlich und schließlich täglich. Bei den täglichen Zusammenkünften hielt Ben regelrecht Hof und faszinierte mit seinen wechselnden Voraussagen. Es war unterhaltsam. Manchmal wendete er sich auch abstrakteren Dingen wie seiner Interpretation der US-Wirtschaftsprobleme zu.

»Jeder ist besorgt über die Staatsverschuldung«, bemerkte er einmal, »sie spielt aber keine Rolle. Das ist nur Geld, das wir selber schulden. Unser Problem ist unser Wandel von einer Gläubiger- zu einer Schuldnernation. Darin zeigt sich eine fundamentale Schwäche, die keine noch so starke Intervention der Zentralbank jemals beseitigen kann. Oder?«

In nur zwei Jahren stieg Ben vom Geldmanager zum Firmenvolkswirt und zum globalen Propheten auf. Es war wunderbar. Er hätte Eintrittsgeld verlangen können. Manchmal schien es so, als täte er es. Wenn Händler durchreisten, gehörte ein Besuch bei Bens Kriegskabinett zu jeder Tour. Es war ein Dschungel von Bildschirmen, Computerausdrucken und schrillenden Telefonen, die Banken im ganzen Land automatisch anwählen konnten. In diesem Raum entschied Ben über kurz- und langfristige Geldanlagen und Geldaufnahmen.

In jedem Unternehmen ohne klare Richtlinien werden Glücksspiele betrieben.

Das städtische College lud Ben zu Vorträgen vor Studenten der Finanzwissenschaft ein. Er sprach jedes Semester. Ein Jahr war er Präsident des Financial Executives Club, einer Gruppe von Finanzmanagern und Wertpapieranalysten, die monatlich zu einer Erörterung von Zinssätzen, Bankwirtschaft und Wertpapieren zusammenkam. Es war eine tiefernste Gruppe. In dieser Atmosphäre war Ben der Star.

Er war ein Experte, der Zauberer seines Unternehmens, und

keiner zweifelte jemals seine Intelligenz oder seinen Instinkt für Geldmanagement an. Ihm konnte man nur zuhören, wie er seine Magie ausbreitete.

Doch eines Tages ging der Vorstandsvorsitzende des Unternehmens in Pension, und jemand von außen wurde sein Nachfolger. Er revitalisierte die Forschungsarbeit, verringerte die Lagerbestände und veranlaßte eine Änderung im Marketing. Dann sah er sich das Geldmanagement und den Zauberer der Märkte an. Er bat die Wirtschaftsprüfungsfirma des Unternehmens um Ausrechnung des Unterschieds zwischen Bens System und einem konservativeren, bei dem überschüssige Barmittel einfach zu geltenden Zinssätzen angelegt und Kredite nur für den laufenden Bedarf aufgenommen würden.

Der Unterschied? Es wären zusätzliche 14 Millionen Dollar in der Kasse gewesen, wenn Ben in den letzten vier Jahren nicht versucht hätte, den Markt zu überlisten. Das kostete sogar noch mehr. Da die Zahlungseingänge bei der Firma eine Woche später erfolgten als bei der Konkurrenz – wegen der Zeit, die in Bens Büro mit Spekulation statt mit dem Einzug von Forderungen verbracht wurde – fehlten Geldbeträge und die Zinsen dafür eine Woche lang, und dies jede Woche. Die entgangenen Zinsen übertrafen noch die Verluste bei Spekulationstragödien.

In jedem Unternehmen ohne klare Richtlinien werden Glücksspiele von Ben Feders' Art betrieben. Finanzmanager versuchen, die Zinsentwicklung vorauszusehen, Betriebsleiter den Trend am Terminmarkt für Treibstoffe, Produktionsleiter wetten, daß Leasing von Ausrüstungen besser ist als Kauf, und die für Kredite Verantwortlichen stellen Spekulationen über die Gesamtwirtschaft an. Sie sind alle abgelenkt vom Tagesgeschäft und daher weniger effizient.

Spekulation macht mehr Spaß als Arbeit, ist aber eben nicht »der richtige Stoff«. Mit Lockern oder Anziehen der Kreditschraube, lang- oder kurzfristigen Geldanlagen oder Kreditaufnahmen, langfristigen Leasingverträgen statt Kauf oder umgekehrt, Festsetzung von Lagerbeständen oder Aushandeln von Energiebezugsverträgen läßt sich ganz gut prahlen.

Im Geschäftsleben gibt es genug Risiken, es müssen bestimmt

keine zusätzlichen geschaffen werden. Es gibt kein einziges Unternehmen in der Welt, dessen Erfolg auf solchen Wetten basiert, aber viele sind durch Spekulationen am Rande in den Abgrund gerissen worden.

Wie Risiken verringert werden

1. Trommeln Sie jedes Jahr alle zusammen an einen Tisch, um Einigung über die wahrscheinliche künftige Entwicklung der Zinssätze, der Rohstoffpreise und der Inflationsrate zu erzielen. Dann hat jeder einen heiligen Eid zu schwören, alle Entscheidungen an diesem Konsens auszurichten. Wenn dramatische Veränderungen eintreten, berufen Sie eine zweite Konferenz zur Anpassung der Richtlinienwerte ein. Werden diese Anpassungen stimmen? Niemals. Alternativen aber auch nicht. Die Beschlüsse zwingen jedoch zu konsequentem Handeln.
2. Wo Sie spekulieren müssen, wie bei Pensionsrückstellungen, legen Sie gleiche Beträge in Aktien, festverzinslichen Wertpapieren, Immobilien und Termineinlagen an. Kaufen oder verkaufen Sie niemals mehr als zehn Prozent des Gesamtportefeuilles in einem Jahr, und auch dies nur zur Vermeidung von realen Wertverlusten. Lassen Sie das von außenstehenden Vermögensverwaltern tun und wählen Sie den, der die niedrigsten Gebühren berechnet. Keiner ist besser als irgendein anderer, konzentrieren Sie sich also auf Einfachheit der Verwaltung, klare Richtlinien und geringste Kosten.
3. Zur Festsetzung Ihrer Zahlungsziele stellen Sie fest, was für Verluste Sie in Kauf nehmen müssen, um wettbewerbsfähig zu bleiben. Wenn alle Ihre Zahlungseingänge immer pünktlich waren, haben Sie auch gute Geschäftsmöglichkeiten verpaßt. Führen Sie buchhalterisch abgeschriebene Forderungen und solche mit verlängerten Zahlungsfristen als uneinbringlich; wenn Sie die Eintreibung zu sehr forcieren, können Sie große Batzen Geld verlieren, während es so aussieht, als wären die Außenstände wieder auf den ordnungsgemäßen Stand gebracht worden.

Kapitel 28

Gott zurück in die Kirche schicken

Die berühmte singende Familie hatte angerufen, lautete die Nachricht auf meinem Schreibtisch bei Montron, der Spielzeugfirma. Richtig, Mama und Papa Smileyvoice wollten mit uns geschäftlich reden, und zwar über unser Filmsichtgerät, in dem ein Betrachter durch Drehen einer Kurbel einen dreiminütigen Film wie durch ein Fernrohr vor seinem Auge ablaufen lassen kann.

Ursprünglich wollten wir nur Zeichentrickfilme mit dem Gerät vermarkten. Wir machten aber Fehler beim Start und hatten daher noch immer für einiges Produktionsgerät zu zahlen, das verschrottet werden mußte. Obwohl der Umsatz gut war, waren die Gewinnmargen nicht hoch genug, um die Sünden der Vergangenheit gutzumachen. So waren wir auf der Jagd nach weiteren Umsätzen.

Eine beliebte Serie war eine Reihe von Filmkassetten mit Darstellungen der Herz-Lungen-Wiederbelebung, die das Rote Kreuz kaufte und mit jeder Ausbildungspuppe und jeder Instruktionsausrüstung verkaufte. Ferner kauften einige Pharmaunternehmen die Filmsichtgeräte mit Filmen, die Ärzten und Patienten demonstrierten, wie man eine neue Behandlung von grünem Star durchführt und wie Verbände bei schweren Verbrennungen anzubringen sind.

Wir waren gerade auf der Suche nach neuen Geschäften, als die Smileyvoices anriefen, um 5000 Sichtgeräte mit Kassetten eines Films von ihnen zu kaufen. Sie wollten einen Ausschnitt aus dem Film von der letzten Europa-Tournee ihrer Schnulzengruppe haben, in dem der jüngste Sohn und die Tochter mit dem Puttengesicht besonders herauszustellen waren.

Wir hatten demnach eine Dreiminutenfassung aus dem Film zu erarbeiten. Am Telefon nannte ich als Preise 2500 Dollar für die Filmherstellung mit Schnitt, 2000 Dollar für die Druckplatten und sieben Dollar pro Sichtgerät, Filmkassette und Packkarton. »Das ist etwas teuer, es ist aber nur ein Anfang«, sagte Frau Smileyvoice, die stets verhandelnde Geschäftsfrau. »Wir haben 200 000 sehr aktive Fans. Können Sie es für größere Mengen nach diesem Test billiger machen?«

»Verkaufen Sie die 5000, dann haben Sie für Schnitt und Platten auf ewig bezahlt. Verdoppeln Sie die Menge, und der Preis geht einen Dollar herunter«, sagte ich. Sie bestellten.

Ich flog von unserem Firmensitz in San Franzisco zu ihrer Suite im Tropicana Hotel in Las Vegas. Als ich ankam, waren fast alle müßig, nur Frau Smileyvoice war ganz auf Geschäft eingestellt. Sie wollte sicherstellen, daß der jugendfrische Sohn und die Gesundheit ausstrahlende Tochter, die beide beliebter waren als die älteren Kinder, im Film so richtig gut herauskamen. »Lassen Sie die Brüder im Hintergrund stehen«, instruierte Sie mich.

Wenn ein Kunde seinen religiösen Eifer bekundet, überprüfen Sie seine Zahlungsfähigkeit doppelt.

Sie hatte einen Vertrag bereit. Ich las ihn, er entsprach genau dem, was wir telefonisch vereinbart hatten. Ich unterschrieb und wollte gerade gehen, da das Geschäft abgeschlossen war, doch bevor ich gehen konnte, bat mich Frau Smileyvoice zu beten. Tatsächlich sagte sie in ihrem besten mütterlichen Ton: »Einen Moment, junger Mann, lassen Sie uns um Erfolg beten, bevor Sie gehen.« Sie hatte einen feierlichen Gesichtsausdruck.

Wie ich so den Kopf neigte und sie die Gebetsworte in ihrem mit Ledermöbeln und Spiegelwänden ausgestatteten Raum in Las Vegas vortrug, entsprach dies nicht der Erinnerung an mein letztes Gebet, das eine Weile zurücklag. Ich hatte nichts gegen Gott, nur waren ihr Gott und meiner nicht gerade Tennispartner. Doch ich neigte mich trotzdem und murmelte und nickte im Interesse des Geschäfts.

Gott war auf unserer Seite, sagte Frau Smileyvoice. Das war auch gut so, denn später sagte sie mir, daß sie unsere Rechnung nicht bezahlen könne. Nun, am Ende wurde Ihre Fanclubheit sich doch noch ihres Auftrags bewußt, genug Leute wurden bewogen, Filmsichtgeräte mit dem Film vom jugendfrischen Sohn und der Gesundheit ausstrahlenden Tochter Smileyvoice zu kaufen. Sie verkauften die ersten 5000 Stück und bestellten nach.

Trotz ihrer Versicherung, unser Gebet sei erhört worden, bestand ich auf einer Vorauszahlung für die Nachbestellung. Ich hatte sogar die Frechheit, um Bezahlung der ersten 5000 Stück zu bitten. Es geschah ein Wunder, das Geld kam. Wir lösten den Scheck ein und lieferten die zweite Sendung zwei Monate später. So erwies sich, daß Gott manchmal auf wundersame Weise tätig wird.

Religion ist Privatsache. Wenn ein Kunde seinen religiösen Eifer bekundet, überprüfen Sie seine Zahlungsfähigkeit doppelt.

Wie Sie die Religion in der Kirche und außerhalb Ihrer Firma lassen

1. Stellen Sie klar, daß Ihr Unternehmen den einzelnen mehr als alles andere respektiert und jegliches Eindringen in die Glaubenssphäre von einzelnen nicht geduldet wird. Keine Gebete, keine Einladungen zu Gottesdiensten, außer zu Hochzeiten und Beerdigungen. Sie leiten eine Firma, kein Gebetshaus.
2. Das Gewinnstreben wird oft von Leuten attackiert, die anderen ihre Überzeugungen aufdrängen wollen. Verteidigen Sie sich dagegen mit Grundsatzerklärungen, daß Gewinne zwei Dinge beweisen. Erstens, daß die Firma Steuern zur Unterstützung von Gemeinde und Staat zahlt, nicht nur kostenlos Dienstleistungen aufsaugt, zweitens, daß sie Waren oder Dienst-

leistungen herstellt, die höher bewertet werden, als deren Kosten ausmachen, und nicht parasitisch mehr verbraucht als produziert.

3. Denken Sie daran, daß Religion oft in Form von aufdringlichen und gefährlichen Sekten auftritt, auch unter dem Deckmantel harmlos klingender Namen. Keine dieser Gruppen hat ein Recht dazu, sich in den Betrieb hineinzudrängen. Beschäftigte kommen zur Arbeit in die Firma, und Arbeitgeber zahlen für diese Mühe. Alles andere ist eine Invasion.

Kapitel 29
Vorsicht bei Gutachten

Ein Basketballtrainer erfand das Filmsichtgerät. Er hielt es für ein gutes Trainingsmittel, um Spieler verschiedene Bewegungen und Würfe sehen zu lassen, und brachte es zu uns bei Honeywell. Wir waren beeindruckt und sprachen mit unserer Werbeagentur darüber. Sie empfahl uns eine Unternehmensberatung, die wir dann bald mit einer Untersuchung für 4000 Dollar beauftragten, zahlbar zur Hälfte im voraus und zur Hälfte nach Abschluß der Befragungen und des Berichts.

Der teurere Teil des Geschäfts war der Bau einer Reihe von Prototypen, die zu Demonstrationszwecken gut genug funktionierten. Schließlich hatten die Berater ihre Prototypen und begannen mit der Arbeit. Zwei Tische wurden an entgegengesetzten Enden des Bürgersteigs zum Apache Plaza in Minneapolis aufgestellt. Interviewer saßen mit den Prototypen bereit, während einer stand und Passanten um Interviews bat. Jedes Drei-Minuten-Interview enthielt Fragen über das Gerät, die Filmauswahl, und was der Befragte dafür zu zahlen bereit wäre. Die übliche ungefähre Information über Einkommen und Beruf wurde aus den Postleitzahlen der Wohngegenden der Interviewpartner abgeleitet.

Ein Wohnwagen wurde für mehr in die Tiefe gehende Interviews mit einem Dutzend williger Leute hergerichtet, die teilweise »willig« waren, weil sie dafür Theaterkarten geschenkt bekamen. Die Berater waren Wissenschaftler, behaupteten sie, und wollten beweisen, daß sie den Schlüssel zum Erfolg für dieses besondere Produkt, das Filmsichtgerät, finden konnten. Zu ihrem wissenschaftlichen Vorgehen gehörten breit angelegte, tief dringende Fragen zu Ansichten und Einstellungen und das Sammeln von Informationen über andere von den Befragten benutzte oder nicht benutzte Produkte. Berufe und Hobbies wurden notiert. Interviewt wurde auch an Wochenenden und Abenden, um einen möglichst repräsentativen Querschnitt von Leuten zu erreichen.

Die Schlußfolgerung der Unternehmensberater war: »Dies ist ein seriöses erzieherisches Produkt. Der größtmögliche Fehler, den Sie machen können, ist, es als Spielzeug zu behandeln.« Sie hielten auch einen Vorführer an den Verkaufsstellen für notwendig, da es ein unbekanntes Produkt war.

Die Entwicklung einer ganzen Bibliothek von Lehrfilmen schien der Schlüssel zum Erfolg zu sein. Die Software hatte die Hardware zu verkaufen. Die Botschaft der repräsentativen Gruppe war klar: Dies ist ein höchst interessantes Produkt, aber nur, wenn es als ernsthaftes erzieherisches Hilfsmittel angeboten wird. Zwar hatten viele Leute bei Honeywell Feuer gefangen, doch die Markteinführung hätte zwei Tonnen Entwicklungsgelder erfordert, und der Zeitpunkt war schlecht. Also paßten wir.

Der Erfinder ging zurück nach Nordkalifornien, wo die Idee einem der führenden Investoren von Risikokapital gefiel, der zufällig auch noch ein Sportartikelgeschäft besaß. Dieser sagte verschiedenen Mitarbeitern von Honeywell, er würde eine Million Dollar zum Start zur Verfügung stellen, wenn sie selbst Mitarbeiter des Unternehmens würden. Sie wurden es. John Belden, Verkaufsleiter von Honeywell, hörte bei uns auf und zog nach Kalifornien, um die Startphase zu leiten. Zwei meiner besten Freunde in der Marketing-Abteilung gingen und schlossen sich ihm an.

Unternehmensberatung ist ein Lieblingsmittel von Unternehmen zur Vermeidung von Entscheidungen.

Die erste Million war ziemlich rasch verbraucht. Johnny Unitas wurde für Filme über amerikanischen Fußball angeheuert, Jean Shrimpton machte eine Serie über Make-up und den Mannequin-Beruf, und Arnold Palmer wurde für die Golf-Serie gewonnen. Sie sind heute vergessen, waren aber damals populäre Persönlichkeiten. Ein Dutzend verschiedener Themen wurde filmisch dargestellt, jedes mit mehreren Filmkassetten. Das Dutzend gefeierter Stars kostete eine Menge, ebenso das Marketing.

Tests wurden an der US-Westküste in Sportgeschäften und Warenhäusern unternommen. Gleichzeitig liefen Werbekampagnen in Zeitungen, Fernsehen und Radio. Die Auslagen in den Geschäften wurden gut bevorratet, um die breite Schicht von Käufern zu bedienen, die erwartet wurde.

Doch Käufer ließen sich nicht sehen. Die einzigen interessierten Leute blieben diejenigen, die bereit waren, tiefgründige Fragen zu beantworten, um Theaterkarten zu bekommen.

So änderte das Unternehmen die Strategie und versuchte es mit mehr Werbung, anderer Werbung, niedrigeren Preisen, Gutscheinen, kostenlosen Musterexemplaren für Schulen und Angeboten zum Bezug per Post. Nichts hatte gute Resonanz, so daß eine weitere Million versandete. Es kam zu ersten Entlassungen. Immer mehr Ware wurde zurückgeschickt und stapelte sich im Lagerhaus. Etwa im Januar 1972 übertraf der Wert der Rücksendungen den der ausgehenden Sendungen. Das war außergewöhnlich.

Dann traf Belden zufällig einige Leute von Disney, die ihm ein paar Mickey-Mouse-Zeichentrickfilme zum Ausprobieren gaben. Disney hatte keine Konkurrenzprodukte in dieser Kategorie, war angetan von unserem Produkt und vergab die Lizenz zur Nutzung seiner Zeichentrickfilm-Bibliothek an Belden für eine Gebühr von sieben Prozent.

Zum Zeitpunkt von Beldens Lizenznahme von Disney hatte er gerade noch eine Handvoll Arbeiter und Geld, sie drei Monate zu bezahlen und ein paar Mickey-Mouse-Etiketten und Verpackungsmaterial zu kaufen.

Und siehe da, die Firma erstand wieder wie Phönix aus der Asche. Es gab keine Werbung und kein Verschenken von Mustern mehr, sondern etwas viel Besseres: ein Produkt, das Leute haben wollten. Der Investor gab mehr Geld dazu und es wurden noch bessere Zeichentrickfilme und bessere Verpackungen entwickelt. Innerhalb von zwei Jahren war eine Firma mit einem Jahresumsatz von acht Millionen Dollar entstanden. Die Verzögerung von zwei Jahren kostete allerdings drei Millionen Dollar. Außerdem wurden einige Karrieren geknickt und John Beldens Haar ergraute vorzeitig.

Für die aufgetretenen Probleme gab es eine einzige Ursache: den Bericht einer Unternehmensberatung, der genau die falsche Strategie als richtig anpries. Der Hauptunterschied zwischen Unternehmensberatern und Ihnen ist, daß Sie mehr von Ihrem Geschäft verstehen, es mit geringeren Kosten analysieren können und für die Ergebnisse verantwortlich sind. Der Kapitän geht mit dem Schiff unter, der Unternehmensberater rudert zurück ans trockene Land und sucht sich mehr Geschäft von anderen.

Unternehmensberatung ist ein Lieblingsmittel von Unternehmen zur Vermeidung von Entscheidungen. Sie verlagert Entscheidungen, verzögert sie und kostet viel. Manager wissen, wie man herausfindet, was nicht stimmt, sonst sollten sie keine Manager sein.

Wie Sie Unternehmensberatern ein Gespür für Ihr Geschäft vermitteln

1. Machen Sie die Hälfte des Honorars eines Unternehmensberaters vom Erfolg abhängig – wenn die Ziele nicht erreicht werden, entfällt die Bezahlung dieser Hälfte. Nehmen Sie Dienste von Unternehmensberatern nur in Anspruch, wenn Sie etwas über neue Gebiete, Ihnen unvertraute Technologien oder Märkte erfahren müssen. Sonst wären Sie nur ein Angsthase.
2. Sollten Sie, was oft der Fall ist, eine Unternehmensberatung dafür anheuern, Ihnen mitzuteilen, was Sie hören wollen, um gegenüber Eigentümern, Belegschaft oder Kunden ein bestimmtes Vorgehen zu rechtfertigen, zahlen Sie erst, wenn Sie den Abschlußbericht haben. Machen Sie sich nichts vor über

das, was Sie da tun. Jede Unternehmensberatung verbringt den Hauptteil ihrer Zeit mit Projekten dieser Art. Verkaufen Sie den Beratern persönlich Ihren Standpunkt so, daß sie ihn mit einigem Enthusiasmus nachposaunen können.

3. Wenn Sie eine ehrliche Einschätzung wollen, einschließlich einer Beurteilung der Effizienz Ihres eigenen Managements, bezahlen Sie die Berater im voraus. Sie können keine Ehrlichkeit erwarten, wenn der letzte Scheck erst nach Unterbreitung des Berichts fällig wird.

Kapitel 30
Die Rechtsanwälte managen

Knight Protective Industries war aus einem überzeugenden Grund angeklagt. Die Firma war schuldig. Die Anklage lautete auf Warenzeichenverletzung. So wie es mir bekannt wurde, nachdem ich 1990 Vorsitzender der Geschäftsführung geworden war, hatte Knight die Rechte einer im US-Staat Nevada operierenden Firma für Einbruchsalarmanlagen in Reno verletzt, die auch Knight hieß. Knight Protective in Nordhollywood, Kalifornien, war ein landesweit tätiges Unternehmen für Einbruchsalarmanlagen, das Kunden von New York bis Honolulu hatte.

Im vorigen Jahr hatte Knight die Begründung des Falls vor Gericht bestritten und unterlag. Das Resultat war eine gerichtliche Anordnung, die uns die Führung unseres Warenzeichens in Nevada untersagte. Die Anwaltskosten hatten sich 1989 auf 300 000 Dollar summiert, so daß wir schon dachten, die Kosten der Schlacht würden die möglichen Kosten einer Niederlage überschreiten.

Dennoch gingen wir in die Berufung. Wir argumentierten, daß die Klage erst zwei Jahre nach der Verletzung des Warenzeichens eingereicht wurde und damit wegen Verjährung hinfällig sei. Vor unserer Berufung hatte die andere Firma uns auf Verletzung der gerichtlichen Anordnung und damit Mißachtung des Gerichts verklagt.

Wir gingen zu einer gerichtlichen Voruntersuchung vor Nevadas oberstem Staatsgerichtshof. Der Richter hörte sich die kurzgefaßten Ausführungen beider Seiten an und schüttelte dann den

Kopf. Er stand auf und sagte: »Es scheint ziemlich töricht zu sein, hier fortzufahren, meinen Sie nicht auch? Ich werde Folgendes tun: Ich verlasse den Raum für eine Stunde. Mal sehen, ob Sie beide sich wie erwachsene Menschen verhalten und eine Art Einigung erreichen können.« Und der Richter verließ den Raum.

Der Kläger richtete zwei glühende Augen auf mich. »Ich bringe Sie zum Bankrott, und wenn es mich den letzten Pfennig kostet.« zischte er. Ich war alarmiert. »Ich will Ihnen mal was sagen«, entgegnete ich. »Wir haben nicht mehr Geld, als ich Ihnen zur Einigung schon angeboten habe. Wie wäre es also, wenn wir Ihnen zusätzlich zu den schon angebotenen 100000 Dollar in bar noch eine Beteiligung von zwanzig Prozent an unserer Firma geben?« Ich lächelte. »Sie können einen Sitz im Aufsichtsrat bekommen.«

»Was sind die Aktien wert?« fragte er sarkastisch.

»Etwa minus zwei Dollar je Aktie. Wenn wir es Ihnen schmackhaft machen, einige neue Aktien von uns zu besitzen, sinkt das auf nur noch negative 1,60 Dollar pro Aktie. Es gibt Ihnen eine Chance, unsere Schulden mit uns zu teilen. Wenn Sie vor Gericht gewinnen, können wir nicht bezahlen, also verlieren Sie. Wenn Sie verlieren, verlieren Sie. Ich kann Ihnen dieses Angebot hier und jetzt machen, sogar ohne meinen Aufsichtsrat zu befragen, denn wenn Sie annehmen, haben wir einige Schulden auf Sie verlagert und der Wert unserer Besitztümer steigt.«

Er ging hinaus.

Gewinne sind umgekehrt proportional zur Summe der Anwaltskosten.

Es war mir egal, sollte er ruhig die erste Runde gewonnen haben. Sein Vorgehen hatte drei Schwächen. Erstens hatte er es zwei Jahre lang versäumt, Klage zu erheben oder auch nur auf die Verletzung seiner Rechte hinzuweisen.

Zweitens, und das wußte er noch nicht, hatten wir die Lieferungen seiner Zulieferer dokumentiert. Sie bewiesen, daß seine Verkäufe stiegen, nachdem wir mit der Werbung in seinem Absatzgebiet begonnen hatten. Das stimmte mit seiner Beschwerde überein, daß Kunden sein Vertriebsbüro anriefen, sich auf unsere Anzeigen beriefen und dachten, seine Firma wäre unsere. (Das sagt eine Menge über unsere Werbung, aber das ist ein anderes Kapitel.) Diese Tatsache stärkte seine Gewinnchancen, schwächte aber seinen Anspruch auf Entschädigung. Es stärkte seine Seite, weil der Nachweis von Verwirrung am Markt ein Schlüssel zum Gewinn von Prozessen um Handelsmarkenverletzungen ist. Er war aber Nutznießer der Verwirrung.

Die dritte Schwäche, auf die ich ihn schon hingewiesen hatte, war sehr ernst. Knight Protective war inmitten einer traumatischen Wende und hatte keine Mittel zur Bezahlung nennenswerter Entschädigungen.

Der Kläger kehrte zurück und fünf Minuten später auch der Richter. Der Kläger sagte nicht viel, aber man konnte sehen, daß er aufs Äußerste gereizt war, als der Richter fragte, was geschehen sei. Sein fetter, glatzköpfiger Anwalt sagte dem Richter einfach, daß es keinerlei Hoffnung auf einen außergerichtlichen Vergleich gebe. Beim Sprechen klimperte er mit Kleingeld in seiner Tasche.

Nach einer einwöchigen Verhandlung hatte Knight gewonnen. Das Berufungsgericht verwarf einstimmig das erstinstanzliche Urteil, gegen das wir Berufung eingelegt hatten. Die Berufungsrichter befanden, daß die Beschwerde viel zu spät erhoben worden war. Da die Entscheidung einstimmig war, standen die Chancen für eine Berufung des Klägers beim Obersten Gerichtshof oder auch nur für die Zulassung einer Berufung 1 zu 100. Da wir es aber mit keinem rationalen Gegner zu tun hatten, boten wir 30 000 Dollar, um den Fall ein für allemal aus der Welt zu schaffen. Der Kläger nahm das Angebot an. Dieses Mal belief sich unsere Anwaltsrechnung nur auf 10 000 Dollar, gegenüber den 300 000 Dollar für das erstinstanzliche Verfahren im Jahr zuvor.

Unser Kardinalfehler war, daß wir unsere Anwälte wütend werden ließen und sie dabei anfänglich noch anfeuerten, was ihre Wut noch steigerte. Genau das gleiche spielte sich dann auf der Gegenseite ab. Es war kein Rechtsstreit mehr, es war ein Austausch von Affronts. Keine Seite ließ Logik zu. Einmal drohte der gegnerische Anwalt, unseren Anwalt zu schlagen, der ihn daraufhin in Machomanier ermunterte: »Nur zu, geben Sie Ihr Bestes.«

Sie taten wirklich beide ihr Bestes. Mit unserem Geld. Und wir ließen sie gewähren. Denken Sie daran: Gewinne sind umgekehrt proportional zur Summe der Anwaltskosten.

Wie man sich einigt, statt zu streiten

1. Beanspruchen Sie Rechtsbeistand nie ohne einen Kostenvoranschlag. Das wird Ihre Anwaltskosten für konventionelle Arbeiten um etwa ein Drittel reduzieren. Holen Sie Vergleichsangebote ein. Für unkonventionelle Arbeiten, und davon gibt es nicht viele, überprüfen Sie wöchentlich die Rechnungen und was genau dafür getan wurde und warum. Keine Anwaltspraxis der Welt veröffentlicht Gewinne und Verluste ihrer Partner, aber jede weiß genau, wieviel jeder Partner den Klienten im vergangenen Jahr in Rechnung stellen konnte.
2. Testen Sie stets die Überzeugung Ihrer Anwälte, indem Sie ihnen eine Form der Bezahlung je nach verschiedenen denkbaren Ausgängen eines Verfahrens anbieten, bevor Sie jemanden gerichtlich belangen. Versuchen Sie es auch mit Anreizhonoraren für erfolgreiche Verteidigung. Es braucht sich nicht um 100prozentig erfolgsabhängige Honorare zu handeln, Sie können es in Auslagen ohne Aufschläge und einen Anteil von 25 Prozent am Gewonnenen aufspalten, den der Anwalt erhält. Wenn dann das Feuer in den Augen des Anwalts erlöscht, wissen Sie, daß der Fall es nicht wert ist, weiter verfolgt zu werden. (Bieten Sie das nicht reihum an, Sie können immer auf eine Kanzlei stoßen, die verzweifelt nach Arbeit sucht und Ihren Auftrag annimmt, nur um Kosten zu decken.)
3. Wenn Sie eine Anwaltsrechnung erhalten, die unverschämt hoch erscheint, bezahlen Sie sie nicht. Zahlen Sie, was gerechtfertigt ist. Anwälte können Klienten nicht verklagen, ohne daß ihre berufliche Sorgfalt leidet. Da Anwälte selbst das Konzept der Vernachlässigung der beruflichen Sorgfalt erfunden haben, trägt das einen hübschen Zug von Gerechtigkeit.

Kapitel 31

Die Banker umwerben

Bei U.S. Press fingen wir zwei Jahre bevor wir Geld brauchten an, die Banken willig zu machen, es uns zuzuschieben. Damals sahen wir es einfach als gute Gelegenheit an, Beziehungen zu mehreren Geldsammelstellen zu kultivieren. Intermark, unsere Muttergesellschaft, hielt mindestens einmal im Jahr einen »Bankertag« ab, und bei diesen Zusammenkünften inszenierte U.S. Press immer eine Präsentation. Wir zeigten das Wachstum von Umsätzen, Cash-flow und Gewinnen und gingen dann durch einen der Betriebe, wo wir Repräsentanten von drei verschiedenen Banken unsere Anlagen sehen, berühren und riechen ließen. Banker lieben es, sich daran zu erinnern, daß sie nicht nur mit Zahlen umgehen.

Wir machten es gründlich. Als unsere neue Toshiba-Druckerpresse in Portland installiert worden war und schnurrte, ließen wir die Banker die Laufplanken drei Stockwerke emporsteigen, damit sie die Neuerwerbung aus der Vogelperspektive sahen. Ganz oben bauten wir eine Kaffeetafel mit Krapfen auf und ließen unsere Gäste sehen, wie Bloomingdales Weihnachtskatalog durch die 80 Meter lange Presse sauste. Auf der einen Seite luden Krane zwei Tonnen schwere Papierrollen, und auf der anderen Seite nahmen Gabelstapler Kataloge ab. Wir hatten eine einzigartige Zeit mit den Bankern. Sie hatten noch nie in einer so vibrierenden Atmosphäre Kaffee genippt und Krapfen gekaut. Dann demonstrierten wir noch mehr Zauberei. Wir programmierten unseren Computer, Kataloge persönlich an sie in der jeweiligen Bank adressiert zu drucken, und überreichten sie ihnen, bevor sie uns als neue Freunde verließen. Wir baten um nichts. Es war nur Freundschaft. Oh, wir sagten ihnen noch, sie sollten sich all die adretten Arbeiten ansehen, die wir machten.

In einem anderen Jahr brachten wir die Gruppe in einen Druckvorbereitungsraum, wo sie einem Techniker zuschauten, der die Farbe einer Mercedes-Limousine auf einem Probeabzug änderte, indem er auf einer Tastatur tippte. So erhielt ein Banker eine Broschüre mit einem grünlich blauen Mercedes, der nächste eine mit dem Fahrzeug in Kastanienbraun. Es machte allen Spaß. Und wie immer wurden den Bankern Ausdrucke mit Schlüsseldaten überreicht, so daß sie zu einem Grundverständnis des Geschäfts der Firma kamen.

Teilnehmer waren die Continental Bank, die Bank of America und die Union and First Interstate Bank. Bei jedem Treffen setzte sich U. S. Press mit einem anderen Banker zusammen, um über die Konkurrenzverhältnisse bei künftigen Geschäften auf dem Laufenden zu bleiben.

Wenn wir im Zentrum von Los Angeles waren, gewöhnlich um unsere Kunden ARCO, Western Airlines, Georgio oder Honda zu besuchen, gingen wir auch zu den Bankern, um sie rasch auf den neusten Stand zu bringen. Wir zeigten ihnen, was wir für unsere Kunden druckten, von denen manche auch ihre Kunden waren. Bald kamen bei diesen Treffen Voraussagen darüber heraus, wann wir an die Börse gehen würden. Als Tochtergesellschaft von Intermark nahmen wir immer Gelder von Intermark auf, doch wenn wir an die Börse gingen, brauchten wir unsere eigenen Bankgelder, erklärten wir in optimistischen Tönen.

Sie hörten zu und begannen zu fragen, wann, nicht ob sie uns einen Kredit gewähren könnten, sie kannten uns ja so gut. Wir wollten aber nicht zu früh Geld aufnehmen.

Wir warteten, und 1982 brach der Markt ein und wir litten unter gedrückten Gewinnmargen. Wir senkten unsere Preise um vier und fünf Prozent, nur um unsere neuen Pressen beschäftigt zu halten. Dann reduzierten wir die Kosten drastisch, um noch einen hauchdünnen Gewinn zu erzielen. Am Jahresende ließ der magere Gewinn die Firma weniger attraktiv aussehen.

Doch innerhalb von sechs Monaten erholten wir uns. Wir wandten uns selbständig nach außen, und drei Banken rissen sich darum, uns Kredite zu gewähren. Während des Abschwungs rissen wir uns um Aufträge und machten einige schmerzhafte Einschnitte in unsere Betriebsaufwendungen. Wir trennten uns von marginalen Tochtergesellschaften und, immer mit schlechtem Gewissen, auch von Arbeitskräften. Auf diese Weise überlebten wir.

Statt Ihre Banker in schlechten Zeiten zu verfluchen, versuchen Sie, mit ihnen in guten Zeiten zu flirten.

Unser Verhalten gegenüber den Bankern während der Schwierigkeiten verhalf uns zu einer sehr kräftigen Erholung. Wir hatten unsere Zusammenkünfte mit den Bankern beibehalten und ihnen noch mehr über unser Geschäft erzählt, als wir in Schwierigkeiten waren, als in den Zeiten, in denen es uns gut ging. Als der Aufschwung kam, sagte uns Linda Araiza von der Union Bank: »Gewöhnlich stoßen wir auf Schweigen als erstes Anzeichen von Schwierigkeiten. Bei Ihnen ist es umgekehrt. Es ist richtig erfrischend.« So war auch ihre Einstellung. Als wir schließlich um Geld baten, lächelte Linda und kam zwei Wochen später mit zehn Millionen Dollar zu einem Prozent über dem Zinssatz für beste Kunden zurück. Nur zwei Wochen Entscheidungszeit für einen neuen Kunden. Neu, aber nicht unbekannt.

Die Banken können nur ein paar Prozent von dem Geld verdienen, das sie ausleihen, sie können es aber ganz verlieren. Deshalb sind die Banker nervös. Verhelfen Sie ihnen zur Entspannung, indem Sie sie mit Ihrem Geschäft vertraut machen. Umwerben Sie die Banker, es ist ihr Geld, das Sie verwenden. Versuchen Sie, vom Üblichen abzuweichen: Statt die Banker in schlechten Zeiten zu verfluchen, versuchen Sie, in guten Zeiten mit ihnen zu flirten.

Wie Sie die Unterstützung der Banken behalten

1. Lernen Sie den Chef der für Sie zuständigen Mitarbeiter Ihrer Bank kennen. Es gibt so viel Personalwechsel bei den Banken, daß Sie sonst alle paar Jahre wieder von vorn anfangen. Stellen Sie Ihren Bankern regelmäßig Ihre leitenden Angestellten vor, so daß die Banken Informationen aus mehreren Quellen bekommen können. Pflegen Sie den Umgang mit mehreren Banken, damit Sie geschützt sind, wenn Sie durch den Abgang von Schlüsselpersonen einer Bank wertvolle Kontakte verlieren. Sprechen Sie mit den Bankern, die Ihre Konkurrenten finanzieren. Sie verstehen schon etwas von Ihrem Geschäft.
2. Übermitteln Sie Ihren Bankern jedes Vierteljahr Hintergrundinformationen zu Ihrem Geschäftsverlauf, auch wenn Sie kein Geld brauchen. Geben Sie ihnen Quartalsabrechnungen und sprechen Sie mit ihnen über die Zukunft. Dann werden Ihre Banker bald Ihren Bedarf im voraus kennen und Sie fragen, ob Sie einen Kredit brauchen. Das ist viel besser, als wenn sie nichts wüßten und über Ihren Wunsch nach einer schnellen Kreditgewährung überrascht wären.
3. Wenn die Entwicklung ungünstig wird, geben Sie den Bankern mehr Informationen als sonst. Das zwingt Sie, Ihre Aktionen konsequent zu straffen. Die Banker werden sich dann stärker mit Ihnen verbunden fühlen, wenn Sie die Talsohle durchschritten haben. (Und wenn Sie scheitern, hat Ihre Mühe auch nicht geschadet.) Wenn Banker erkennen, wie Sie mit einer harten Zeit fertig geworden sind, sehen sie Ihre Firma als lohnendere Investition mit verringertem Risiko an.

Kapitel 32
Wirtschaftsprüferwissen besser nutzen

»Wissen Sie, es wäre so etwas wie Zuckerguß auf den Kuchen, wenn jetzt jemand diese Firma kaufen würde«, sagte Bob Jacobsen nachdenklich. Es war eine dankbare Zeit für Jacobsen und das Unternehmen, das er besaß, Checks To-Go. Jacobsen ging es schon sehr gut, hatte er doch in den siebziger Jahren eine von ihm gegründete Steuernsoftwarefirma an Burroughs Computer verkauft. Er und seine Nachkommen hatten 1976 Checks To-Go als Hobby gegründet, und ich wurde 1986 als Chefmanager eingestellt.

Vor mir hatte Checks To-Go zwei andere Geschäftsführer gehabt, unter deren Leitung die Firma jedes Jahr Geldspritzen zum Überleben gebraucht hatte. Mit einer Neuausrichtung des Unternehmens leiteten wir 1986 die Wende ein. (Kapitel 16 berichtete über einen Weg der Neuausrichtung, und die Kapitel 17 und 23 nannten weitere Einzelheiten.)

Endlich, 1987, sprudelte Checks To-Go Gewinne, und Jacobsen bemerkte, wie wunderbar es wäre, einen Käufer zu finden. Es bestand kein Grund zur Eile. Jacobsen brauchte kein Geld. Tatsächlich war Checks To-Go jetzt eine Geldmaschine am rasch wachsenden Markt für PC-Peripherie. Die Jacobsens reagierten aber typisch erleichtert und etwas ungläubig auf die wirtschaftliche Erholung ihres Besitztums und wollten ihr Glück nicht auf eine weitere Probe stellen.

So begannen wir, uns umzuschauen. Einen Käufer zu finden

war heikel. Mehrere Konkurrenten wären vermutlich interessiert, doch wenn sie wüßten, daß wir zum Verkauf standen, würden einige vermutlich unter unseren Kunden verbreiten, wir seien in Schwierigkeiten und wären deshalb auf Verkauf angewiesen.

So gingen wir zu einem Investmentbanker namens Geneva. Er war Spezialist für kleine Unternehmen und verdiente genug, um mit Gefolge aufzutreten. Genevas Leute reisten zu unserem bequemen Haus aus Adobeziegeln in El Cajon, Kalifornien, in einem Mercedes und einem BMW an. Als sie ausstiegen, sahen wir sie alle Designerhosenträger tragen, ein sicheres Zeichen, daß sie ihre Dienste zu teuer anboten. Nach einem kurzen Gespräch zogen sie an diesen Hosenträgern und sagten uns, sie brauchten 20000 Dollar für eine vorbereitende Analyse unseres Geschäfts mit Einschätzungen und optimistischen Prognosen.

Wir paßten. Nun riefen wir Price Waterhouse an, unsere Wirtschaftsprüfungsfirma, und stellten einen Plan auf. Wir entwarfen einen Brief, den Price Waterhouse nicht von der örtlichen Niederlassung, sondern von der Zentrale in Los Angeles aus verschicken sollte. Er sollte an jeden Konkurrenten und jeden vorstellbaren strategischen Partner gehen. Der Brief nannte Größe, Gewinne, Wachstumsrate und den Preis, den wir uns vorstellten, nicht aber den Namen des Unternehmns, er enthielt ferner eine allgemeine Beschreibung unserer Dienstleistungen, aber ohne Einzelheiten. Angedeutet wurden mögliche Kostenersparnisse durch noch größere Massenerzeugung.

Der Brief blieb ohne Resonanz.

Ihre Wirtschaftsprüfer sind Ihre besten Ratgeber außerhalb der Firma.

Wir schlugen Price Waterhouse vor, einen zweiten Brief an die gleichen Empfänger zu schicken. Price Waterhouse bat nicht darum, wir bestanden aber darauf, unseren Wirtschaftsprüfern ihre Kosten plus einen Zuschlag zu bezahlen.

Auch der zweite Brief blieb ohne Resonanz. Wir bezahlten der Zentrale in Los Angeles etwa 1000 Dollar für den Zeitaufwand der Überprüfung und Billigung der Versandliste sowie für Porto, Papierverbrauch und Büroarbeitszeit.

Wir versuchten es mit einem dritten Brief. Verständlicherweise war die Begeisterung von Price Waterhouse mittlerweile im Abklingen. Dies war nicht ihr Geschäft. Aber glücklicherweise waren wir Kunden und kamen für die Kosten auf, was es ihnen leichter machte, uns zu ertragen. Wir bekamen eine persönliche Anfrage von RapidForms an der US-Ostküste. »Wir würden gern etwas mehr erfahren«, sagte der Chef von RapidForms Price Waterhouse. Er unterzeichnete einen Vertrag zur Wahrung der Vertraulichkeit, und Price Waterhouse sagte ihm mehr über uns.

Der geschäftsführende Vizepräsident von RapidForms flog zu uns zu Besuch, und es begann ein langsames Heiratsritual. Gleichzeitig begann aber ein anderes Unternehmen, Wescert in Denver, sich für Checks To-Go zu interessieren. Merkwürdigerweise hatte ihr Interesse nichts mit unserem Bemühen zu tun, sondern beruhte auf Wescerts Wunsch, auch auf unserem Markt für PC-Peripherie tätig zu werden. Das Unternehmen hatte von unserem Wiederaufstieg gehört. Als es hörte, auch RapidForms sei interessiert, und umgekehrt RapidForms vom Interesse von Wescert erfuhr, wurden beide noch interessierter – die Lust der Lemminge war erwacht.

Wir drückten unsere angemessene Überraschung und demütige Freude darüber aus, begehrt zu sein, erklärten aber in unserem besten Brustton des Schwer-zu-bekommen-Seins, unser Leben sei auch so wie es ist sehr schön. Wescert hielt es nicht aus und bot uns das Achtfache unseres Buchwerts in bar. Wir heuchelten, das Angebot nur zögernd anzunehmen.

Price Waterhouse verdanken wir den anderen Interessenten und damit, daß sich der Preis vermutlich verdoppelte. Wir mußten kein Schild »zu verkaufen« aushängen, was den Preis nach unten gedrückt hätte. Die Glaubwürdigkeit von Price Waterhouse half. Und Price Waterhouse bekam mehr Arbeit bei der endgültigen Transaktion – am Abschluß des Geschäfts verdienten sie ein

Mehrfaches des Jahreshonorars, das wir ihnen für ihre Buchprüfungen zahlten. Das war fair.

Ihre Wirtschaftsprüfer sind Ihre besten Ratgeber außerhalb der Firma. Sie kennen Ihre Zahlen und, was wichtiger ist, sie wissen, wie diese Zahlen im Vergleich zu denen Ihrer Konkurrenten rund um die Welt aussehen. Sie wissen besser, wie es um Sie steht, als Sie selbst. Es mag Ihnen nicht immer recht sein, was Ihre Wirtschaftsprüfungsfirma berichtet, aber ihre Dienste sind oft der beste Weg, das Rennen zu gewinnen, und sie sieht Schwierigkeiten nicht selten vor Ihnen voraus.

Wie Sie mehr von Ihrer Wirtschaftsprüfungsfirma haben

1. Wenn Ihr Controller oder Ihr Finanzchef die Firma verläßt, halten Sie seine Stelle offen und lassen Sie Ihre Wirtschaftsprüfer zusätzlich drei Tage pro Monat kommen, um beim Monatsabschluß zu helfen. Das kostet Sie etwa die Hälfte des zuvor gezahlten Gehalts und bringt zusätzliche Objektivität in die Abschlüsse.
2. Bitten Sie Ihre Wirtschaftsprüfer vor jeder Jahresabschlußprüfung um ein paar zusätzliche Dinge, beispielsweise um Ausschau nach Kostensenkungsmöglichkeiten oder einen Bericht über die Stärken und Schwächen Ihres Managements und Ihrer Betriebsabläufe im Vergleich zu ähnlichen Kunden.
3. Beim Verkauf von Tochtergesellschaften, Betriebsteilen oder des gesamten Unternehmens schalten Sie Ihre Wirtschaftsprüfer und nicht eine Institution ein, die Sie nicht kennt. Ihre Wirtschaftsprüfer kennen Sie besser als andere Institute Sie jemals kennenlernen können, nehmen weniger Gebühren und neigen weniger zu Designerhosenträgern.

Kapitel 33
Versicherungen beschneiden

Sunrise Capital gab elf Millionen Dollar für den Erwerb von Pacific Metals aus, und außerdem erhielt Warren Smith einen Ford, zwei Handvoll Geld und eine Lebensversicherungspolice. Smith war glücklich.

Er war in der Firma aufgewachsen, die sein Vater gegründet hatte und vierzig Jahre leitete. Er wußte alles. Er kannte die Zyklen der Metallpreise. Er wußte, wie man kommerzielle Stromtarife aushandelte und wo man je nach Jahreszeit die günstigsten Lkw-Transportpreise fand. Er war in jedem Winkel seines Geschäfts zu Hause.

Als der Aufsichtsrat von Sunrise Capital – ich war derzeit Direktor der Firma – dem Kauf von Pacific Metals zustimmte, gehörte zu der Abmachung auch, Warren Smith ein neues Auto zu leasen und eine Lebensversicherung über eine halbe Million Dollar für ihn abzuschließen. Smith bestand auf einem kastanienbraunen Ford Taurus mit dem stärkeren Motor und eingebautem Tonbandgerät. Wir stimmten zu.

Als wir über die Lebensversicherung sprachen, stellte Smith uns seinen Versicherungsvertreter vor, mit dem er seit Jahren zusammenarbeitete. Wir lächelten und stellten ihm später den Repräsentanten unseres Maklers Johnson & Higgins vor. Mit Bangen ließ er uns bei Johnson & Higgins bleiben.

Der Aufkauf ging über die Bühne, und Smith bekam seinen kastanienbraunen Taurus. Wir übernahmen seine Firma unter seiner Aufsicht. Einen Monat später kam Smith zu uns, um über seine Versicherung zu sprechen. »Ich muß in diesem Jahr einige Verluste bei Immobilien hinnehmen, deshalb hätte ich lieber das Einkommen als die Versicherung«, sagte er, »ist es zu spät, das noch rückgängig zu machen?«

Bob Milliken, unser Finanzchef, rief Johnson & Higgins an, die eine Auflösung des Vertrags und die volle Rückzahlung der Versicherungsprämie ohne Strafabzüge erreichten. Wir schickten Smith den Scheck über 80 000 Dollar. Einige Tage später rief uns Smith an und beschwerte sich lautstark.

»Wo bleibt der Rest des Geldes?«

»Das ist alles, was die Police uns gekostet hat.«

»Nee. Nee. Nee. Ich war einen halben Tag bei meinem New Yorker Lebensversicherungsagenten. Ich habe die Zahlen gesehen und, verdammt, ich kenne sie noch. Diese Police hat Sie mindestens 100 000 Dollar gekostet.«

Milliken atmete tief durch. Er begann zu erklären: »Wir haben genau das gekauft, was wir vertraglich vereinbart haben. Sie haben es unterschrieben. Das ist der Versicherungsumfang, den Sie hatten, mit der gleichen Qualitätsbewertung. Der einzige Unterschied ist, daß wir es für 80 000 Dollar bekamen. Mehr noch, Johnson & Higgins fanden einen Weg, dafür noch 30 000 Dollar der Versicherungsprämien von Pacific Metals einzusparen, ohne Ihren Versicherungsschutz irgendwo im geringsten zu verringern.«

»Das glaube ich nicht.«

Eine Versicherung ist, falls und wann immer sie gebraucht wird, ein Rettungsboot. Doch die Prämienzahlungen sind Kletten.

Eine heikle Kette von Erklärungen und Beweisen folgte. Johnson & Higgins managte unsere Versicherungen. Sie schrieben jede Police aus, waren ständig am Markt auf der Suche nach anderen Kunden und wußten, wo was wieviel wert war. Die Prämien für

Smith waren jahrelang aus der Reihe getanzt. Sie waren das einzige Leck eines sonst abgedichteten Schiffs. Seine Einschätzung der Versicherung als Ware statt als Dienstleistung mit großen Preisunterschieden kam ihn teuer zu stehen. Es war der einzige Teil seines Geschäfts, in dem er nicht zum Bestpreis einkaufte.

Smith glaubte uns niemals ganz. Teil seines Unglaubens mag der Frust der Erkenntnis gewesen sein, jahrelang viel zuviel bezahlt zu haben. Er gab das niemals zu, murmelte nur immer wieder, wir hätten ihn um 20000 Dollar betrogen.

Natürlich verließ er Pacific Metals schließlich vorzeitig. Zu schade, denn er kannte das Geschäft besser als jeder andere. Seine weitere Mitarbeit wäre hilfreich gewesen. Doch er blieb voreingenommen, also trennten wir uns.

Eine Versicherung ist, falls und wann immer sie gebraucht wird, ein Rettungsboot, doch die Versicherungsprämien sind Kletten.

Wie Sie Schutz gewinnen, ohne über den Tisch gezogen zu werden

1. Finden Sie einen Versicherungsmakler, der nach den besten Angeboten sucht, ohne eine Provision zu bekommen. Wie bei jedem Produkt und jeder Dienstleistung gibt es bei Versicherungen unterschiedliche Werte und Mängel. Mit steigenden Prämien und dem Enthusiasmus regulärer Versicherungsagenten sinkt der Wert des Versicherungsschutzes.
2. Kaufen Sie weniger, so wenig wie Sie können. Unternehmen mit bestem Versicherungsschutz werden öfter und auf höhere Summen verklagt als Firmen mit weniger gutem Schutz, denn die ersteren sind eine bessere Beute für die Anwälte. Erhöhen Sie alle Selbstbehalte. Seien Sie für vieles Selbstversicherer. Versichern Sie sich nicht gegen unwahrscheinliche Unfälle, sei es auch noch so billig. Denken Sie immer daran, daß Versicherungsgesellschaften viel mehr an Prämien einnehmen, als sie für Schäden auszahlen. So bekommen sie ihre Namen auf all die Wolkenkratzer.

3. Wenn Sie in einem schwachen Moment von der Angst befallen werden, Früchte Ihrer Arbeit durch ein Mißgeschick oder durch einen verlorenen Prozeß zu verlieren, atmen Sie tief durch und treffen eine großzügigere Altersvorsorge außerhalb Ihres Unternehmens. Eine solche Vorsorge überlebt Katastrophen besser als jeder Versicherungsschutz und jedes Walten eines Rechtsanwalts.

Kapitel 34

Gesetze vorsichtig brechen

Eine Gruppe von Bürokraten in Washington beschloß 1987, daß alle Unternehmen einige zusätzliche Kosten brauchen könnten, daher schufen Sie neue Anstellungsbestimmungen. Eine war, daß jeder Arbeitgeber einen absolut sicheren Nachweis der Nationalität jedes seiner Arbeitnehmer haben müsse. Andernfalls gab es keinen Pardon. Der Arbeitgeber hatte auch dann eine deftige Geldstrafe zu zahlen, wenn der Arbeitnehmer professionell gefälschte Papiere hatte.

Natürlich schufen die Bürokraten neue Formulare. Diese konnten aufs Geratewohl geprüft werden, und jeder, bei dem ein Verstoß gegen die neuen Bestimmungen festgestellt wurde, konnte mit einer Geldbuße von 10 000 Dollar bestraft werden. Es war eine bescheidene Anstrengung, aber sie hatte die gewünschte Wirkung. Sie steigerte die Kosten ein wenig, so daß die Unternehmen die Preise ein wenig erhöhen konnten und etwas mehr Steuern zahlen durften, damit die Regierung mehr Bürokraten einstellen konnte.

Das Leben war großartig, außer für die, die tatsächlich etwas produzierten. Die lebten im Verordnungsfegefeuer, wo die Qual zunahm.

Bei Checks To-Go entsprachen die Personalakten nicht den Bestimmungen. Ein besonderes Problem war, daß die Bestimmungen rückwirkend in Kraft traten. Die gesamte Dokumentation mußte auch für das vergangene Jahr erstellt werden.

Wir schickten unsere Controllerin, Cathy White, die auch unsere Personalchefin war, zu einem 295 Dollar teuren Seminar zur Erklärung der neuen Bestimmungen. Dort hörte Cathy mehrere Rechtsanwälte über die Unvernunft des neuen Gesetzes tuscheln. Sie warnten aber auch vor den hohen Gefahren von Nichteinhaltungen. Cathy hörte auch, daß die Anwälte weitere Hilfe außerhalb des Seminars anboten. Sie blieb im Raum und hörte zu. Was sie hörte, war schlimm genug.

Um das Gesetz wörtlich zu befolgen, mußten wir den Personalakten der 20 Mitarbeiter, die wir im vergangenen Jahr angeheuert hatten, ein Dokument beifügen, das ihre Staatsbürgerschaft bewies – eine Kopie von entweder Geburtsurkunde oder Reisepaß. Wir versuchten den Bestimmungen gerecht zu werden, was 80 Stunden Arbeit erforderte, doch zwei Monate später kam Cathy mit einem ungelösten Problem. Einer der 20 Neuen, Don Silver, war vor acht Monaten als Kundendienstvertreter angestellt worden, aber es klappte nicht, so daß er uns zwei Wochen später wieder verließ.

Manchmal verringert die korrekte Einhaltung von Bestimmungen nur die Gewinne und erhöht die Kosten, so daß die Steuerzahlungen zurückgehen. Alle verlieren.

Mit der Überprüfung unserer Unterlagen und Rückfragen beim vorigen Arbeitgeber ließ sich die Staatsbürgerschaft von Don Silver nicht feststellen. Nach dem Gesetz hatten wir jetzt mit einer Geldstrafe zu rechnen. Cathy rief einen der Experten vom Seminar an. »Sie sollten einen Privatdetektiv engagieren. Das beweist wenigstens, daß Sie sich fleißig bemüht haben, wenn die Frage nach diesem Arbeitnehmer aufkommt«, schlug dieses unökonomische Wesen vor.

Cathy fragte mich. Ich sagte ihr: »Lassen Sie es laufen, brechen Sie das Gesetz, und wir tragen das Risiko einer Geldstrafe. Er war viele Monate vor der Verabschiedung dieses Gesetzes zwei Wochen auf unserer Gehaltsliste. Wir haben das Gesetz bei allen

Neueinstellungen befolgt, und außerdem hat es noch niemand geprüft. Schau'n Sie, einen Detektiv anzustellen, um dem nachzujagen, ist lächerlich. Was könnte gewonnen werden? Nichts. Das einzige, was sich ändern würde, ist, wir verbringen weniger Zeit mit Arbeit, was bedeutet, wir verdienen weniger und zahlen weniger Steuern.«

Cathy, die eine sehr verantwortungsbewußte Mitarbeiterin war, stimmte mir zögerlich zu. Wir sprachen ausführlich darüber. Ich erklärte, daß es stets Grundsatz des Unternehmens ist, die Gesetze zu befolgen, daß es aber manchmal Widersprüche gibt. Manchmal verringert die korrekte Einhaltung von Bestimmungen nur die Gewinne und erhöht die Kosten, so daß die Steuerzahlungen zurückgehen. Alle verlieren.

Seit über 200 Jahren werden in den USA Gesetze gemacht. Manchmal passen sie nicht zusammen. Manchmal sind Gesetze und Verordnungen schlicht undurchführbar. Wenn das der Fall ist, muß es dem vorgesetzten Manager gesagt werden. Wenn sich Gesetzesbruch als notwendig erweist, muß der Chef es absegnen, sonst gibt es Chaos.

Wie Sie Ihr Unternehmen von ruinösen Regeln befreien, ohne ein Chaos anzurichten

1. Lassen Sie nie jemanden ein Gesetz brechen oder gegen eine Verordnung verstoßen, bevor dies mit einem Vorgesetzten erörtert und dokumentiert wurde. Die einzigen Gründe für Verstöße sind erstens inhärente Undurchführbarkeit und zweitens Widerspruch zu einem anderen Gesetz. Der Vorgesetzte muß es seinen Vorgesetzten wissen lassen usw., mit anderen Worten: Es entscheidet der Chef. Deshalb verdienen Chefs so viel.
2. Verdoppeln Sie die Anstrengungen, um dem Geist des Gesetzes zu entsprechen. Das ist keine Rechtfertigung, aber es kann nicht schaden, und in seltenen Momenten der Rationalität wird es als Abwesenheit von Böswilligkeit ausgelegt. Wo es unmöglich ist, alles vollständig zu dokumentieren, lassen Sie keine

Arroganz walten, indem nichts aufgeschrieben wird. Schaffen Sie halbherzige Niederschriften, sparen Sie aber Zeit für nützlichere Vorhaben. Das läßt Kontrolleure das Gesicht wahren, und sollten sie nachforschen, kommen Sie vielleicht mit einem Klaps auf die Hand weg.

3. Sollte Ihr Unternehmen wirtschaftliche Vorteile erlangen, wenn es ein Gesetz ignoriert, machen Sie sich vielleicht etwas vor. Seien Sie dreifach vorsichtig. Wenn eine Nichtbeachtung Sicherheitsrisiken für Ihre Arbeitnehmer oder ein gewisses Maß an Risiko für Ihre Kunden hervorruft, unterlassen Sie die Gesetzesbrechung.

Kapitel 35

Die Wende im Geschäft schaffen

Fisher-Price stellte 1975 erschrocken fest, daß es ein Problem bei den Lagerbeständen gab. Kurz darauf ging Montron das Geld aus. Beim Lagerbestand handelte es sich um Montrons Filmsichtgeräte, die wir in zunehmenden Mengen an Fisher-Price verkauft hatten. Das Problem? Das Computer-Lagersystem hatte zwei Sendungen von Montron verpaßt, die Fisher-Price gekauft, aber nie an Einzelhändler weiterverkauft hatte.

Nach der Entdeckung des Überschusses wurden alle künftigen Aufträge an Montron für sechs Monate storniert. Bis dahin expandierten wir rapide, bekamen wir doch immer größere Aufträge von Fisher-Price und betätigten uns auch auf anderen Absatzgebieten. Die Umsätze, zumeist von Filmsichtgeräten, sprangen in vier Jahren von 100000 Dollar auf 1,1 Millionen Dollar, 3,4 Millionen Dollar und 6 Millionen Dollar. Fisher-Price hatte uns alle Filmsichtgeräte abgenommen, die wir für die USA und Kanada herstellen konnten. Zudem hatten wir Lizenznehmer, die Geräte für lateinamerikanische und europäische Märkte produzierten.

Wir stellten auch eine weiterentwickelte Version her, das Kino. Es hatte einen Bildschirm ähnlich dem eines Fernsehgeräts und konnte auch an Wände projizieren. Fisher-Price lehnte es ab, aber Sears bezog es und verkaufte die Spielzeugkinos für 30 Dollar das Stück.

Unsere Kunststoff-Spritzgußabteilung stellte neue medizinische Geräteteile für Cooper Labs und Hewlett Packard her. Auch eine eigene Serie von medizinischen Wegwerfprodukten wurde in der Abteilung entwickelt. Und ein Ingenieur fand eine bessere Methode zur Blutdruckmessung. Er errichtete eine separate Abteilung zur Entwicklung des Meßgeräts und nährte damit das Interesse von zwei bedeutenden Lieferanten von medizinischen Produkten.

Es gab fünf Vizepräsidenten, darunter ich, und wir beschäftigten einen Berater der Boston Consulting Group, um unseren Einstieg in die Märkte für Erziehungsprodukte zu steuern. Schließlich entwickelten wir noch »Das Sprechende Buch«, Kinderbücher mit aufgeprägten briefmarkengroßen Schallplatten auf jeder Seite. Ein Abspieler in Zigarettenschachtelgröße schnappte auf die Platten, die auf Knopfdruck die jeweilige Seite »sprechen« ließen.

All diese Erfolge und geplanten Entwicklungen ließen die Dinge bei Montron in rosarotem Licht erscheinen. Doch dann rief der Präsident von Fisher-Price, Henry Coordes, aus New York an und berichtete uns von der Entdeckung des Überschusses. Plötzlich verschwand für die nächsten sechs Monate unsere Haupteinnahmequelle. Einfach so.

Schnell wurde klar, daß all unser rasches Wachstum liquide Mittel verschlungen hatte, ebenso die Entwicklung des »sprechenden Buches«, das wir innerhalb eines Jahres marktreif machen wollten. Davon wiederum hingen unsere Rechte zur Nutzung von Szenen aus Disneyfilmen und der Sesamstraße ab.

Obwohl Montron vor einer gefährlichen Krise stand, rettete schnelles Handeln das Unternehmen und stärkte es schließlich sogar.

Die Alternativen waren leicht auszumachen. Es gab nicht viele. Die medizinische Arbeit wurde für einen wesentlich geringeren Erlös abgegeben, als bei eigener Fertigstellung zu erhoffen gewesen wäre. Die Spritzgußabteilung hörte auf, so viel für neue Entwicklungen aufzuwenden, konzentrierte sich wieder auf Arbeit, die sich sofort bezahlt machte, und entwickelte neue Produkte nur noch, wenn ein Kunde dafür bezahlte. Drei Vizepräsidenten, der Berater von der Boston Consulting Group und zwei Angestellte für den Vertrieb von Erziehungsprodukten wurden entlassen. Ich arbeitete mehr an allem, was sofort Bares einbrachte. Ich hatte nichts mehr mit neuen Produkten zu tun.

Auf unsere Bitte hin gewährte uns Fisher-Price einen Vorschuß, um uns in Gang zu halten. Wir zeigten ihnen alles: die Wirkung verlorener Aufträge, die drastischen Ausgabenkürzungen, die dadurch erforderlich wurden, und auf welch tönernen Füßen die Firma stand. Sie wußten, sie hätten zur Verantwortung gezogen werden können, da man einige der stornierten Aufträge als bindend ansehen konnte.

Als Teil der Vereinbarung über die Vorschußgewährung erhielt Fisher-Price die exklusiven Rechte für das »sprechende Buch«. So ging dessen Entwicklung planmäßig voran. Es wurde in einem Jahr der Verkaufsschlager der Branche. Ihm folgten zwei weitere Neuentwicklungen, einmal das Fisher-Price-Tonbandaufnahmegerät und dann ein Plattenspieler, beides Bestseller.

Obwohl Montron vor einer gefährlichen Krise stand, rettete schnelles Handeln das Unternehmen und stärkte es schließlich sogar. Wir trennten uns von einigen Nebengeschäften, konzentrierten uns auf unsere Stärken und machten das, was sofort Geld einbrachte. Alles gute Sachen – zu jeder Zeit.

Was Sie tun, wenn Ihr Unternehmen mit dem Rücken zur Wand steht

1. Beschneiden Sie Kosten so drastisch wie möglich und tun Sie alles, um wieder Einnahmen fließen zu lassen. Stutzen Sie zuerst Fixkosten und Management zurecht. Arbeiter brauchen Sie dringender als Fixkosten.
2. Verschaffen Sie sich eine rasche Übersicht über jedes Segment Ihres Geschäfts und lassen Sie alles fallen, was nur armselige

Gewinnmargen aufweist. Alles, was Sie tun, muß sofort etwas einbringen. Lassen Sie also alles weg, was künftige Rentabilität verspricht, jetzt aber Kosten verursacht. Es gibt kein morgen, wenn Sie in fünf Minuten untergehen.

3. Setzen Sie eine Strategie für dieses neue Unternehmen fest, sowie Sie den Karren aus dem Dreck gezogen haben. Die Firma erholt sich, Sie müssen aber an die Zukunft denken und einige neue Produkte entwickeln, während sich die Liquidität wieder auffrischt. Nichts dauert ewig, auch nicht die Erholung.

Kapitel 36
Ausgefallenes Denken fördern

Als ich 1964 vom Iowa State College abging, war ich nicht gerade heiß begehrt. Lennox stellte mich an, und diese Firma war von einer Art und Qualität, die mich mehr lehrte als jede Institution vor- und nachher. Lennox hatte sein Hauptquartier in Marshalltown, Iowa, eine Stunde Bohnenfelder nordöstlich von Des Moines. Zum Vorstellgespräch dort wohnte ich im Hotel Tallcorn.

Lennox stellte Heizungen und Klimaanlagen her. Da formt man etwas Metall, schweißt und verdrahtet es und bringt einige Regel- und Steuergeräte an. Das ist alles. Keinerlei Hochtechnologie, einfach solide Produktionsarbeit. Die Arbeiter im Werk Marshalltown und in zwei anderen Fabriken von Lennox verrichteten ihre Arbeit mit weniger Umständen als die von Konkurrenten in anderen Landesteilen.

Jedes Mitglied des Managements arbeitete sich alle Stufen zu seiner oder ihrer Position hoch. Als ich anfing, verbrachte ich mehrere Wochen mit einem Händler. Ich kniete in mit Spinnweben übersähten Ecken und kletterte durch vollgestopfte Keller, ich wechselte Filter aus, ölte Rollen und installierte Bleche. Ich war dreckig.

Dann bekam ich Aufgaben am Zeichentisch. Ich entwarf Leitungsverläufe und Grundrisse. Ich lernte auch, wie Heizungs- und Kühlungsbedarfe zu berechnen sind. Das alles war handfeste Wirklichkeit, es gab keine Simulierspiele oder strategischen Analysen. Lennox lebte in der Realität und verdiente Geld. Das war amerikanisches Geschäftsleben umgeben von Landwirtschaft, ein sehr traditionelles amerikanisches Unternehmen.

Das hieß aber nicht, daß es langsam war. In jenem Jahr erfand Lennox das »Direct Multizone System«, eine Anlage, die vom Dach aus sechzehn Zimmer einzeln beheizen konnte. Das ermöglichte Klassenzimmer mit verschiebbaren Wänden, so daß Schulen sich mit wechselnden Klassengrößen und Stundenplänen räumlich verändern konnten.

Lennox erfand auch einen Wärmeaustauscher, der Spannungen im Metall und damit die ärgerlichen Knackgeräusche vermied. Das alles geschah, weil kreatives Denken vorherrschte, fast angebetet wurde, in einer Atmosphäre, die niemals verträumt oder realitätsfern wurde.

Sie suchten stets nach Wegen, Dinge besser zu machen, während sie fortfuhren, diese Dinge zu tun.

Lennox entdeckte auch die Wirkungen von Spraydosen schon fünfundzwanzig Jahre, bevor irgend jemand über Fluorkohlenwasserstoffe nachdachte. Und Techniker von Lennox bemerkten, daß Wärmeaustauscher in Kosmetiksalons in Jahren statt in Jahrzehnten korrodierten. Sie entwickelten eine keramische Beschichtung, die das Metall schützt.

Sie suchten stets nach Wegen, Dinge besser zu machen, während sie fortfuhren, diese Dinge zu tun. Das breitete sich auf die Verkaufsförderung aus. Forrest Locey, der Verkaufsleiter in Columbus im Staat Ohio, entdeckte das wirtschaftlichste Werbemittel für Klimaanlagen: Rosen.

Wir hatten die sechziger Jahre, in denen noch jede Frau Hausfrau und in jedem Haus tagsüber jemand zu Hause war. Das brachte Locey auf folgende Strategie: Jedesmal, wenn jemand in Columbus eine Lennox-Klimaanlage kaufte, lieferte ein Blumenhändler dem Kunden am Installationstag eine Vase. Dann brachte er fünf Tage lang jeden Tag eine einzelne Rose.

Locey dachte ganz richtig, daß spätestens am sechsten Tag die ganze Nachbarschaft fieberhaft darüber nachdenken würde, was da los war. Und an diesem Tag lieferte der Blumenhändler je eine weitere Rose in einer Vase bei sechs Nachbarn ab, zwei links, zwei rechts und zwei gegenüber. Bei jeder Rose war eine einfache Lennox-Visitenkarte und eine Notiz über die Annehmlichkeiten klimatisierten Komforts.

Normalerweise kam es innerhalb einer Woche in der Nachbarschaft zu einem Verkaufsabschluß. Gesamtkosten: eine Vase und elf Rosen mit Mengenrabatt, da die Lieferungen über die ganze Stadt verteilt wurden. Lennox-Präsident John Norris lobte Locey öffentlich als »originellen Denker« und erzählte die Rosen-Geschichte mit Stolz vor immer neuem Publikum.

20 Jahre später begann sein Sohn, Absolvent des Massachusetts Institute of Technology und jetzt Geschäftsführer, eine Technologie zu entwickeln, über die General Electric zwar verfügte, die sie aber nicht zur Marktreife brachte. Sie nannte sich »Pulsverbrennung«. Sie kontrollierte die Zündung sorgfältig so, daß die Ausdehnung während der Verbrennung die Abgase ausstößt und nahezu die gesamte Hitze daraus »ausgewrungen« werden konnte. (Jede konventionelle Heizung jagt etwa dreißig Prozent der Hitze zum Schornstein hinaus und transportiert die Gase in die Atmosphäre.) Mit der Pulsverbrennung wurde die Energieverschwendung praktisch eliminiert und die Verschmutzung der Atmosphäre drastisch vermindert.

Die so ausgestattete Heizung kostet mehr, aber die Kunden sparen dafür Energiekosten. Ausgefallenes Denken brachte Lennox ein überlegenes Produkt, eine dominierende Stellung am Markt, den Kunden niedrigere Energiekosten und der Umgebung eine reinere Luft. Im groben alten Heizungsgeschäft, jawohl.

Wie man das Denken lockert, ohne verrückt zu werden

1. Stellen Sie sicher, daß jeder Manager einige Drecksarbeit vor Ort absolviert. Befassen Sie sich selbst mit Kundenbeschwer-

den. Gehen Sie mal mit auf Kundendienst. Beschäftigen Sie keine Planer. Lassen Sie diejenigen die Pläne machen, die damit leben müssen. Schicken Sie die Verkaufsmannschaft ins Labor und lassen Sie die Wissenschaftler mit Kunden zusammentreffen. Tauschen Sie Personal zwischen Abteilungen aus, damit sich keine Mauern bilden.

2. Sowie Ihre Mitarbeiter praktische Dinge verstehen, ermutigen Sie unkonventionelles Denken. Verlangen Sie von Ihren Managern, daß Sie auf Verbesserungen kommen. Feiern Sie Innovation: Schreiben Sie darüber im Firmenrundschreiben. Berichten Sie dabei zur Hälfte über Fehlschläge und spenden Sie diesen Versuchen Beifall.
3. Reichern Sie diese interne Einstellung mit Ideen von außen an. Lassen Sie Ihre Buchführungsfirma Ihre Buchführung auf Vordermann bringen. Bringen Sie gute Ideen über Lizenzen herein. Lassen Sie die Bank Ihre Lohn- und Gehaltszahlungen sowie Ihre Altersvorsorgefonds verwalten, setzen Sie Vertreter zusätzlich zu Ihrem eigenen Verkaufspersonal ein. Diese Kontakte nach außen bringen frische Luft in den Betrieb.

Kapitel 37

Den Cash-flow beobachten

Acucobol ist ein vorbildliches Wachstumsunternehmen. Es wurde 1989 in San Diego gegründet und kam schon im zweiten Jahr in die Gewinnzone. Die Umsätze stiegen 1992 schon auf vier Millionen Dollar. Dr. Pamela Coker, Gründerin und Chefin von Acucobol, sagt, daß ein Teil des Erfolgsgeheimnisses darauf beruht, daß »Acucobol zick fährt, wenn der Markt zack fährt«.

Mit anderen Worten, das Geschäft wird wie ein Geschäft gemanagt, und nicht wie eine Kunstform. Acucobols Geschäft ist Software. Acucobol-85, das Hauptprodukt der Firma, ist einmalig, weil es mit über 500 anderen Softwareplattformen verknüpfbar ist. Acucobols Geschäft baut auf COBOL auf, der weltweit am meisten verwendeten Computersprache, wenn sie auch am wenigsten im Trend liegt. Alle Konkurrenten arbeiten an Produkten, die auf die neueren Sprachen ausgerichtet sind, obwohl COBOL die verbreitetste Sprache ist. Das macht die Differenzierung von Acucobol aus – so spezialisiert sich das Unternehmen.

Und obwohl Kunst bei dem ist, was die Firma macht, wie sie es macht, ist pures Geschäft. »Wir erzielen jeden Monat einen Gewinn«, sagte Cooker einmal. »Und wenn man jeden Monat einen Gewinn einfährt, passiert etwas ganz Komisches. Man macht jedes Jahr einen Gewinn.«

Im Hauptbüro des Unternehmens ist eine große Schautafel, die ein viel beachteter Anziehungspunkt ist. Sie ist wie die Kaffeemaschine im Haus, nur daß sie etwas mitteilt. Die Schautafel, täglich erneuert, zeigt die Zahlungseingänge des Tages. Sie wird betrachtet, geprüft, diskutiert und täglich auf den neuesten Stand gebracht.

Daher kennt jeder und jede bei Acucobol den jüngsten Cashflow-Status der Firma, und sie wissen, wie wichtig der ist. So wissen alle, was fürs Geschäft wichtig ist, und niemand ignoriert den Cash-flow.

Forderungen werden nur als Testverkäufe betrachtet, bis sie bezahlt sind. Ein Verkauf wird nicht angenommen, an eine Zufriedenstellung der Kunden nicht geglaubt und keine Provision bezahlt, bevor das Geld eintrifft.

Das schnelle Inkasso nach Lieferung dient bei Acucobol zwei Zwecken. Es bringt Geld aufs Bankkonto, und es deckt Probleme schneller auf. Aggressives Inkasso funktioniert, und jeder, vor allem im Vertrieb, engagiert sich dabei.

Gewinne bezahlen keine Mieten, nur Geld.

Im Oktober 1992 hatte Pamela Coker Schwierigkeiten mit dem Inkasso bei ihrer deutschen Vertretung. Sie berief eine Konferenz für zweihundert europäische Kunden nach Frankfurt am Main ein und ließ alle Rechnungen an den Partner schicken. Zu ihrem Spiel am Rande des Abgrunds gehörte eine Kraftprobe im Hotel, wo sie 50000 Dollar Vorauszahlung am Abend vor Konferenzbeginn verlangte. Sie kam ohne Geld aus den USA, so daß sie die Rechnungen nicht selbst bezahlen konnte. Unter dem Druck bezahlte der deutsche Geschäftsführer die 50000 Dollar auf der Stelle, um eine Blamage zu vermeiden. Die Geschichte hatte einen glücklichen Ausgang – alle überfälligen Rechnungen wurden bezahlt, bevor die Konferenz zu Ende war. Spätere Rechnungseinzüge waren leichter.

Acucobol ist ein höchst interessantes, rasch wachsendes Unternehmen mit einzigartiger Technik und hohen Gewinnmargen. Es verfolgt auch eine Politik der offenen Buchhaltung gegenüber seinen 90 Mitarbeitern rund um die Welt. Damit werden die Angestellten ermutigt, die Zahlen der monatlichen Rechnungsabschlüsse zu prüfen und daraus Erkenntnisse zu gewinnen. Wenn ein Mitarbeiter Rechnungsabschlüsse nicht versteht, wird ihm von den Fachleuten der Firma beigebracht, wie sie zu interpretieren sind.

Die Firma hat eine große Zukunft, weil sie straff geführt und der Cash-flow kritisch beobachtet wird. Gewinne bezahlen keine Mieten, nur Geld. Auf lange Sicht kommt es zur Übereinstimmung von Gewinnen und Cash-flow, aber nicht unbedingt von einem Tag zum anderen, und auf diese Weise können Sie eine Firma verlieren.

Wie Sie den Cash-flow beobachten

1. Jede uneinbringliche Schuld fängt als zu langsame Bezahlung an, bleiben Sie deshalb Herr über die Rechnungseinzüge. Hohe Außenstände und hohe Lagerbestände sind Warnsignale und nicht echte Aktiva, die einen wie die anderen können Ihre beste Frühwarnung dafür sein, daß Ihre Produkte oder Dienstleistungen ins Rutschen geraten, während Ihre Gewinn- und Verlustrechnung Gewinne anzeigt.
2. Lassen Sie Ihre Lohn- und Gehaltszahlungen außer Haus besorgen, so daß Steuern und Sozialversicherungsbeiträge automatisch abgeführt werden. Das schützt vor der Versuchung, bei knapper Kasse diese Zahlungen aufzuschieben. Wer so von Staat und Sozialversicherung »borgt«, landet aber leicht im Gefängnis.
3. Verwechseln Sie nie Geborgtes mit positivem Cash-flow. Buchhalterisch kann das so erscheinen, aber das ist zu kurz greifendes Denken. Einkünfte aus Verkäufen sind der einzige wahre Cash-flow. Alles andere ist vorübergehend.

Kapitel 38
Verlangen Sie Aufrichtigkeit

Stellen Sie sich einen Vorstandsvorsitzenden vor, der seinen Aktionären sagt:

»Anfang 1988 beschlossen wir, 30 Millionen Aktien von Fannie May zu kaufen. Wir hatten schon vor einigen Jahren Aktien des Unternehmens besessen und kannten es gut. Es war uns klar, daß die Geschäftsführung mit den geerbten Problemen hervorragend umging und die Firma zu einem finanziellen Kraftwerk gemacht hatte – wobei das Beste noch vor ihr lag.

Nachdem wir sieben Millionen Aktien gekauft hatten, begann der Kurs zu steigen. Frustriert hörte ich auf zu kaufen. Dann, noch dümmer, verkaufte ich die sieben Millionen Aktien wieder. Ich wünschte, ich könnte Ihnen eine halbwegs rationale Begründung für mein amateurhaftes Verhalten geben. Es gibt aber keine. Was ich Ihnen geben kann, ist eine Schätzung der Gewinne, die uns 1991 durch diesen Fehler entgangen sind: etwa 1,4 Milliarden Dollar.«

Diese Botschaft steht auf Seite 16 des Jahresberichts von Berkshire Hathaway für 1991. Der Vorstandsvorsitzende des Unternehmens, Warren Buffett, spricht stets alles offen aus und stellt seine Irrtümer heraus. Hier ist das Gute und das Schlechte, scheint er zu sagen, hier ist die Wahrheit.

Die Wahrheit schaltet viel Negatives aus. Wenn die Menschen aufrichtig sind, gehen Spionagebudgets und -anstrengungen zurück, ebenso das Propagandabudget und das Munitionsbudget.

Wenn jeder aufrichtig ist, brauchen Sie keine Kontrolleure und Kontrolleure zur Kontrolle der Kontrolleure zu bezahlen, die jedermanns Arbeit verlangsamen.

Was zunimmt, sind die Gewinne.

Buffett weiß auch, wie man über Gewinne und Risiken spricht. In seinem Bericht für 1990 sagte er einige schlechte wie auch einige gute Ergebnisse aus einer neuen Superkatastrophenversicherung voraus. »Wir teilen dieses Risiko nicht auf, wir konzentrieren es«, schrieb er. »Wir erwarten daraus befriedigende Resultate über, sagen wir einmal ein Jahrzehnt, und wir sind sicher, daß es in wenigstens einem gelegentlichen Jahr absolut schreckliche Resultate geben wird. Ich habe aber stets holprige fünfzehn Prozent glatten zwölf vorgezogen.«

Diese Art aufrichtigen Redens hat eine Unternehmenskultur hervorgebracht, in der mit nur ein paar Leuten in der Hauptverwaltung in Omaha, Nebraska, viele Milliarden Dollar Geschäftseinkommen gehandhabt werden.

> *Lügen verbergen Probleme und helfen, sie wachsen zu lassen.*

Wenn Sie bei Berkshire Hathaway eine Aufgabe nicht erfüllen, werden Sie um eine Erklärung gebeten. Wenn Sie betrügen, werden Sie entlassen. Die Fluktuationsrate ist niedrig. Das Ergebnis sind verringerte Betriebskosten, weil die Belegschaft kleiner und mehr auf das Geschäft als auf das Lesen zwischen den Zeilen ausgerichtet ist. Das steigert die Gewinne enorm.

Wie aufrichtiges Reden gefördert wird

1. Bringen Sie einige schlechte Nachrichten in Ihre Mitteilungsblätter für Mitarbeiter und Kunden. Berichten Sie jedem einiges von dem, was nicht richtig läuft. Sie werden mehr Leser

bekommen, die guten Nachrichten werden geglaubt und es entsteht eine Atmosphäre des Vertrauens.

2. Unterbinden Sie Schwülstigkeit und Lobhudelei. Sie sind lebensgefährlich für jede Firma. Wenn sie sich festsetzen, institutionalisiert werden, verlieren Sie Schiff, Mannschaft und Ladung.
3. Werfen Sie Lügner hinaus. Machen Sie das sehr öffentlich. Schreiben Sie ins Firmenhandbuch, daß dies Unternehmenspolitik ist. Täuschung ist tödlich. Schlechte Nachrichten machen zumindest das Problem deutlich. Lügen verstecken die Probleme und fördern ihr Wachstum.

Kapitel 39

Realistische Pläne schaffen

Keine Überraschungen. Das war in den sechziger und siebziger Jahren das Motto bei den Angestellten von Honeywell, die von einer Welt träumten, in der alles nach Plan verlief.

So gaben sie ihr Bestes, um diese Welt zu erschaffen. Sie hatten ihren großen Stab von Ausbildern zur Organisation von Seminaren, in denen jeden das Planen gelehrt wurde. Das war Planen zu planen, ein Schritt vor der Planung des Planens zu planen, etwas, worauf sich ein Manager für besondere Projekte in einem großen Unternehmen stürzen würde.

Ein Zyklus wurde organisiert: Jede Abteilung hatte reihum dem Vorstand einen Jahresplan vorzulegen. Jede Präsentation dauerte einen halben Tag. Alle leitenden Angestellten waren zugegen. Jedem wurde der Plan in Ringordnern vorgelegt und dann Wort für wohlüberlegtes Wort von den Managern vorgelesen. Jedes Mal war es eine närrische Gruppe herumhängender Manager.

Der Plan sollte alles darlegen, was im Planjahr passieren würde. Keine weiteren Zusammenkünfte würden bis zum nächsten Jahr nötig sein. Wenn der Plan gut war, würde er funktionieren und keine Änderungen erfordern. Alles, was notwendig war, um den Plan wirksam sein zu lassen, so wurden wir belehrt, war, daß die Planer hart nachdachten, ihr Gehirn auswrangen.

Unsere Abteilung importierte Rollei-Kameras aus Deutschland, Pentax-Kameras und Elmo-Schmalfilmausrüstungen aus Japan, vertrieb Nikor-Dunkelkammerausrüstungen und stellte einige Erzeugnisse selbst her, zum Beispiel einen Diaprojektor und Honeywells elektronische Strobonar-Blitzlichtgeräte.

Wir gingen von einem Produktplan und Annahmen über die Wettbewerbssituation aus. Wir wußten, daß eine neue Pentax-Kamera herauskommen würde, und nahmen an, daß dies unsere Frühjahrsumsätze kräftig steigern würde. Ferner wußten wir, daß zwei neue kompakte Blitzlichtgeräte auf den Markt kommen würden, und nahmen an, auch diese würden zusätzliche Umsätze bringen. Einfach so. Produktpläne wurden zu Umsatzannahmen.

Es dauerte allerdings zwei Monate. Zuerst lehnte es der Vertrieb ab, sich verbindlich festzulegen, wenn die Preise nicht bekannt und eingefroren blieben, und die Produktion weigerte sich, kostenbedingte Preise zu nennen, wenn die Umsätze nicht vorausgesagt würden. Eine schöne Ausgewogenheit, wenn man in dieser Lage ist, und wir schienen es zu sein. Die gegenseitige Blockierung löste sich schließlich, als der Vertrieb eine Vorhersage machte. Da gab die Produktion nach und rückte Kostenschätzungen heraus. Schließlich sahen wir so etwas wie Kosten und Umsatzerlöse vor uns, so daß der Jahresverlauf zusammenkam.

Jedes Gehirn war ausgewrungen. Von der gewonnenen Basis aus wurden Abteilungsbudgets geschaffen – in harten Verhandlungen, denn jeder Abteilungsleiter rang um mehr Leute, mehr Ausrüstungen und mehr Zeit für die Arbeit am Plan.

Zu viele Pläne werden im Vakuum geschrieben.
Sie verkommen zu Haufen von Papier.

Sechs Monate später war es geschafft. Jeder verstand und unterstützte den Plan sogar einigermaßen. Unsere Werbeagentur und unsere Firma für Öffentlichkeitsarbeit hatten sehnsüchtig darauf gewartet, um ihr Jahr für uns planen zu können. Dies war »das Wort«, so Honeywell, und unsere Planer waren glücklich.

Doch drei Monate nachdem der Plan unterbreitet worden war, kündigte Minolta eine neue Kamera zu Preisen an, die achtzehn Prozent unter unseren lagen. Eine intelligente Reaktion wäre gewesen, die neue Pentax zum gleichen Preis anzubieten wie die neue Minolta, aber das stand nicht in dem schwer erarbeiteten Plan. Jeder hatte so hart am Plan gearbeitet, und jetzt waren unsere Gedanken steinhart geworden. Wir beschlossen, hart zu bleiben und abzuwarten, was geschehen würde.

Das Unvermeidliche geschah. Minolta stieg zur Spitzenposition im Umsatz auf, wir reagierten zu spät, um an der Spitze zu bleiben. Gleichzeitig setzte Vivitar seine stetige Eroberung des Markts für Blitzlichtgeräte fort, überholte uns und schaute nicht zurück. Wir hatten schon vor Jahren erkannt, daß diese Gefahr drohte, und sogar dafür vorgeplant. Um konkurrieren zu können, hatten wir eine Produktionsstätte in Japan errichtet.

Was für ein Plan.

Vivitar errichtete indessen keine Produktionsstätte, sondern kaufte überall im Orient zu günstigsten Preisen ein. Ihr Plan war besser, und ihre Umsatzrenditen lagen daher um zehn Prozent über unseren.

Wir planten wieder. Dieses Mal planten wir, mehr Umsatz in Japan zu erzielen, aber es war zu wenig und zu spät. Wir hatten wirklich schwer über unserem Plan gebrütet. Wir schrieben darüber, wir sprachen darüber, und damals erschien der Plan durchführbar. Rückschauend war das der Unterschied zwischen uns und Vivitar. Sie sprachen nicht nur untereinander wie wir, sie sprachen mit Kunden und Händlern. Während wir noch planten, lebten sie ihren Plan und paßten ihn dem Markt an.

Innerhalb von sechs Monaten fror dann Präsident Nixon (ungeplant) die Preise ein, der Yen wurde (ungeplant) abgewertet, und plötzlich wurde (ungeplant) Benzin knapp. Die Kunden wurden nervös und kauften gar nichts mehr, was natürlich ungeplant war.

Zu viele Pläne werden im Vakuum geschrieben. Sie verkommen zu Haufen von Papier.

Wie Sie funktionierende Pläne machen

1. Machen Sie Pläne schnell. Lassen Sie nicht zu, daß sich das Verfahren lange hinzieht. Der Plan wird durch mehr Zeit nicht besser. Vermeiden Sie absolute Voraussagen, wie Wirtschaft, Kosten, Märkte und Konkurrenten sich entwickeln werden. Verwenden Sie allgemeinere Feststellungen, welche Veränderungen sich ergeben werden, wenn die Wirtschaft schrumpft oder wächst. Diese Beurteilungen sind klüger, wenn sie im voraus erfolgen statt im Trauma radikalen Wandels. Wenn Pläne realistisch sind, können sie hilfreich sein. Fundieren Sie Ihre Strategien auf Ihren Stärken und zugegebenen Schwächen und nehmen Sie einige unvorhergesehene Ereignisse an.
2. Legen Sie einige kurzfristige, monatliche oder vierteljährliche Kontrolltermine für eventuelle Änderungen des Plans fest. Wenn die Umsätze bis Mai ein bestimmtes Niveau nicht erreicht haben, nehmen Sie nicht an, daß die Absatzkurve im Juni mit dem Knick eines Hockeyschlägers nach oben geht. Passen Sie sich kurzfristigen – monatlichen oder vierteljährlichen – Veränderungen an. Die Märkte haben einen stärkeren Einfluß auf Sie, als Sie auf die Märkte.
3. Prüfen Sie alle Pläne, die im Unternehmen umlaufen. Wenn sie nach sechs Monaten keine Eselsohren haben, hören Sie auf, diese Pläne zu erstellen. Pläne sind Arbeitsmittel, keine Bücherschrankdekoration. Sie sollten genug Hintergrundmaterial enthalten, um ab und zu als Nachschlagewerk benutzt zu werden. Sie sollten auch jeden Monat zur Überprüfung der Fortschritte und bei Über- oder Unterschreitungen von Voraussagen zur Veranlassung von Veränderungen dienen.

Kapitel 40

Wirksamer werben

Honeywell Photographic hatte zwei Kameras zur Markteinführung im Herbst 1970. Es war die Aufgabe von Werbemanager Felix Pogliano, beide der Öffentlichkeit vorzustellen. Die Kameras waren sehr unterschiedlich. Die Rollei 35 war die erste 35-mm-Taschenkamera. Sie war robust. Sie hatte Zeiss-Objektive mit einem Compur-Verschluß und einen eingebauten Belichtungsmesser. Felix kannte eine einfache Wahrheit. Werbewirksamkeit kann durch einfache Messungen besser gesteigert werden als durch jede andere Aufwendung im Geschäft.

So ging er davon aus, daß die Rollei 35 eine Kamera für Außenaufnahmen war. Man muß Werbung ausprobieren, aber man muß mit ein paar Annahmen anfangen. Felix plazierte Einführungsanzeigen in *Sports Illustrated*, *Field and Stream* und *Skiing*. Andere Anzeigen kamen in *National Geographic* und *Time*, nur um die Resonanzraten mit denen in den drei Aktivsportzeitschriften zu vergleichen.

Die nächste Annahme über Kameraanzeigen war, daß Farbe zwar fünfzig Prozent mehr kostet, aber nur zwanzig Prozent mehr Anfragen bringt. Die Annahme basierte auf den Erfahrungen der Vergangenheit.

Jede Anzeige in jeder Zeitschrift wurde nach ihren Kosten pro eingehende Anfrage gemessen. Sie beliefen sich auf zehn bis 50 Dollar. Noch ein Wort zum Wort »Anfrage«. Wir nahmen an, daß pro Anfrage hundert weitere Leser die Anzeige ganz gelesen hatten, aber nicht schriftlich reagierten. Der Preis pro Anfrage war also für uns der Preis, hundert interessierte Leser zu erreichen.

Die erste Annahme erwies sich als richtig. Die Kosten pro Anfrage kamen in den Aktivsportmedien auf 28 Dollar, in der *Time* und dem *National Geographic* auf 45 Dollar. Die Richtigkeit der Annahme war bewiesen und die Entscheidung wurde getroffen, wir blieben bei der Werbung in den Aktivsportmedien. Eine Serie von Anzeigen wurde plaziert, jede mit einer anderen Schlagzeile: »Große Bilder, kleine Kamera«, »Erschwingliche Rollei-Qualität« oder »Großartige Aktionsphotographie mit einer Kamera, die in Ihre Tasche paßt«, und so weiter. Schließlich kamen wir auf Gedanken und Formulierungen, mit denen die Kosten pro Anfrage auf 12 Dollar gedrückt wurden.

Nachdem die richtige Schlagzeile gefunden war, probierte Pogliano eine ganzseitige und eine viertelseitige Anzeige und fand die Vermutung bestätigt, daß es keinen Grund gab, eine kleine Kamera mit einer großen Seite zu bewerben. Nach einem Jahr Tests und Messungen waren die Anzeigen so wirksam, daß der Einzelhandelsumsatz ein Volumen erreichte, bei dem nur noch vier Prozent vom Umsatz zurück in die Werbung gehen mußten. Jede Anzeige testete mindestens ein Element.

Das Problem war das Produkt. Es konnte nicht wirksam inseriert werden, und wirksame Inserierung bewies das.

Honeywell fing dann an, die Rollei 35 in verschiedenen Landesteilen mit unterschiedlicher Intensität zu bewerben. Versucht wurden Frühjahrswerbekampagnen im Nordosten und Südwesten ohne Frühjahrswerbung im Nordwesten und Südosten. Garantiekartenrückläufe wurden dann Staat für Staat gezählt und mit dem Werbeaufwand verglichen, um festzustellen, wieviel Umsatzsteigerung mit höherem Werbeaufwand erreicht wurde. Die Werbebudgets wurden dann entsprechend angepaßt.

18 Monate nach der Markteinführung der Rollei 35 wurde das Werbebudget drastisch von einer Million Dollar auf 150 000 Dollar

gesenkt. Es ergab sich die gleiche Umsatzentwicklung und damit ein Zusatzgewinn von 850 000 Dollar. In diesem Fall funktionierte die Werbung. Als Pogliano die Werbung straffte, stiegen Honeywells Gewinne.

Mit der anderen Kamera, der Spotmatic IIa, hatten wir es schwerer. Viel schwerer. Das war eine konventionelle 35-mm-Spiegelreflexkamera mit Einzelobjektiv, sie hatte aber einen besonderen Dreh. Die Kamera hatte einen von Honeywell entworfenen und von Pentax hergestellten eingebauten Blitzlichtmesser, der immer geradeaus maß, während unterschiedliche Schatten mit beliebiger Ausrichtung des Blitzlichts zur Decke oder Seite geschaffen werden konnten. Mit der korrekten Geradeausmessung wählte die Kamera die richtige Belichtungszeit für die verminderte Blitzlichtintensität, die sich bei Reflexion des Blitzlichts von der Decke zur Erzeugung weicherer Schatten oder von der Seite zur Bildung von Querschatten ergab.

Die Spotmatic IIa hatte es schwer, weil sie schwer zu charakterisieren war. (Wir brauchten etwa 75 Worte, um sie zu beschreiben.) Da halfen auch die Anzeigen wenig.

Damals war es ein neues Konzept, und Einführungsanzeigen wurden in *Popular Photography*, *Modern Photography* und anderen Liebhaberzeitschriften plaziert, deren Leser etwas vom Fotografieren verstanden. Die Kosten pro Anfrage beliefen sich in diesen Publikationen gewöhnlich auf nur fünf Dollar, sie wurden intensiv von den sämtlich an Fotografie interessierten Lesern gelesen. Doch für die Spotmatic IIa kamen wir nicht unter 175 Dollar pro Anfrage. Die Botschaft kam nicht an. Unsere Werbeagentur, Campbell-Mithun, kam erheblich ins Schwitzen.

Wir luden die Konkurrenzagentur Tracy-Locke ein, sich die Sache einmal anzuschauen. Der Kundenberater überprüfte das bisherige Geschehen, runzelte die Stirn und ging. Eine Woche später lud er uns zum Mittagessen ein. Er sagte, seine Kollegen in der Kreation hätten, so denke er, »den Kode geknackt«.

Wir konnten es nicht erwarten. Beim Mittagessen zeigte uns der Kundenberater, ein unterhaltsamer Texaner, voller Eifer den Vorschlag eines Mediaplans mit verschiedenen Änderungen in der Werbung. »Wir werden neue Rekorde für Sie aufstellen. Ihre

Kosten pro Anfrage werden abstürzen«, schnurrte er beim Einschenken eines Glases Sauvignon Blanc.

Wir waren in einem reservierten Seitenraum des Restaurants, und die Wände waren voll von Grafiken. Er bewies, daß wir acht- bis zehnmal soviel Anfragen bekommen würden, wenn wir jeder Anzeige in den Fotoamateurzeitschriften eine Antwortkarte beifügten. Er war sicher, daß dies auch bei einer Plazierung von nur halb soviel Anzeigen wie bisher funktionieren würde. »Wir haben das für so viele andere Klienten gemacht.«

Er fuhr fort. Mit Ausweitung der Werbung auf Zeitschriften für Konsumenten wie *National Geographic*, *Time*, *Newsweek* und ähnlichen Publikationen könnten wir eine breitere Resonanz erzielen. Das Beste sei, in jeder Anzeige einen Kupon mit den Worten »Kostenlose Broschüre« im Großdruck einzufügen.

Wir dankten ihnen. Wir ließen sie nicht unser Mittagessen bezahlen und hatten einige Tage nicht die Absicht, sie auch nur anzurufen. Es war peinlich. Nicht für sie. Für uns. Ihre Ideen waren nicht schlecht, aber unser Briefing hatte nichts getaugt. Anfragen waren nie das Ziel. Sicher konnten sie uns zu mehr Anfragen verhelfen. Anfragen sind aber nichts weiter als ein Indikator für die breitere Effektivität einer Anzeige.

Gleichzeitig hielt Campbell-Mithun etliche Treffen mit verschiedenen Zielgruppen von Kamerabenutzern ab, um die Vorzüge der Spotmatic IIa zu erklären. Die Formulierungen der Vorzüge wurden dabei besser und besser, entsprechend wurden laufend die Anzeigen revidiert. Die Resultate verbesserten sich schließlich von katastrophal bis hinauf zu nur noch armselig. Wir gaben auf, es weiter zu versuchen.

Das Produkt starb innerhalb von zwei Monaten. Wie in Kapitel 6 gesagt, wenn Sie keine Schlagzeile dafür finden können, murksen Sie das Produkt ab. Wir verloren eine halbe Million damit, professionelle Erklärer versuchen zu lassen, ein unerklärbares Produkt zu erklären. Das Problem war das Produkt. Es konnte nicht wirksam kommuniziert werden.

Die Wahl des Mediums ist die wichtigste Entscheidung. Am zweitwichtigsten ist, was Sie in der Werbung sagen. Am wenigsten wichtig ist merkwürdigerweise, wie Sie es sagen. Kreativität zählt noch, ist aber nicht annähernd so wichtig wie, *wo* Sie es und *was* Sie sagen.

Wie Sie mehr für Ihre Werbeausgaben bekommen

1. Lassen Sie nie eine Anzeige laufen, die nicht etwas testet. Beginnen Sie mit Medienvergleichen, wo die Unterschiede von der stärksten bis zur schwächsten Resonanz typischerweise im Verhältnis zehn zu eins variieren. Als nächstes testen Sie die Grundaussage. Je nachdem, wie Sie diese angehen, ergeben sich Resonanzunterschiede von vier zu eins oder mehr. Testen Sie Größe oder Länge von Anzeigen und finden Sie dabei die Sättigungsgrenzen.
2. Halten Sie die Werbeagentur straff am Zügel. Sie maximiert ihren Gewinn mit wenigen teuren Anzeigen, während Sie vielleicht mit tausendfacher Plazierung billigerer Anzeigen besser fahren.
3. Werbung hat nur einen einzigen Zweck: mehr Produkte oder Dienstleistungen zu verkaufen. Imagewerbung ist Verschwendung, gehen Sie nie in diese Falle. Wenn Ihr Image nicht durch mehr Absatz verbessert wird, warum sind Sie dann im Geschäft? Bei den meisten Geschäften führt die Werbung nicht gleich zum Verkaufsabschluß, das ist aber keine Entschuldigung dafür, das Ziel Verkauf zu ignorieren.

Kapitel 41
Kosten durch höhere Qualität senken

Fisher-Price hat eine Grundüberzeugung: Spielzeug muß einen bleibenden Spielwert haben. Das heißt, es muß unzerbrechlich und für die Kleinen noch interessant sein, wenn der Reiz des Neuen längst verflogen ist.

Die Dauerhaftigkeit wird durch Fallenlassen und Dauerbeanspruchung getestet, der bleibende Spielwert mit Stoppuhren über einen Zeitraum von mehreren Wochen in einer Privatschule von Fisher-Price für Kinder der Stadt Buffalo am Eriesee im Staat New York. Die Kinder können täglich aus hundert Spielzeugen auswählen.

Ich kam 1976 in diese Unternehmenskultur, als Montron von Quaker Oats aufgekauft und mit der Fisher-Price-Sektion dieses Unternehmens kombiniert wurde. (Kapitel 35 erklärt das Vorspiel zu dieser Mußheirat.) Ich war Vizepräsident für Marketing bei Montron. Nach dem Verkauf wurde ich geschäftsführender Direktor von AFI de Mexico (Kapitel 15 und 48), unsererem produzierenden Tochterunternehmen, und zudem Generaldirektor von Fisher-Price West Coast, der Firma, deren selbständiger Start in Kapitel 29 beschrieben wurde.

Fisher-Price und Montron entwickelten zusammen einen Plattenspieler. Die Entwicklungsarbeit war schwierig, und wir sahen gegenseitig Mängel am Partner. »Ihr Jungs habt keine Ahnung, wie man einen Knopf für Kinder macht, der leicht zu handhaben und unzerbrechlich ist«, spottete Tom, Chef der Abteilung für

Produktentwicklung bei Fisher-Price. »Gott stehe Ihnen bei, wenn Sie jemals etwas mit mehr als zehn Teilen zu entwerfen hätten, oder etwas, was sich bewegt«, schoß ich zurück.

Wir hatten beide recht und waren beide kurzsichtig. Tatsächlich hat die Grundüberzeugung von Fisher-Price uns bei Montron über uns selbst erhoben. Wir mochten uns für noch so viel schlauer halten und Toms Spott mich noch so sehr zur Weißglut reizen, letztendlich profitierten wir maßlos von dieser Grundüberzeugung eines bleibenden Spielwerts.

Unser Plattenspieler wurde durch diese Grundüberzeugung teurer, er war aber unzerbrechlich und konnte Platten nicht annähernd so leicht zerkratzen wie Produkte der Konkurrenten.

Und dann waren da die Lötnähte. Davon verstand ich etwas. Während meiner Schulzeit volontierte ich bei der Atomenergiekommission und lötete Kabel, die an einem Teilchenbeschleuniger verwendet wurden. Bei Fisher-Price lernte ich, daß die Lötnormen dieses Unternehmens denen der Atomenergiekommission um Lichtjahre voraus waren.

Normen wie diese gaben Fisher-Price seine Reputation. Als unser Plattenspieler herauskam, waren etwa zwei Dutzend billigere Modelle im Markt. Im zweiten Jahr des Fisher-Price-Plattenspielers wurden von allen Konkurrenzmodellen zusammen nur etwa so viele verkauft wie von unserem. Unserer war der am meisten verkaufte Plattenspieler aller Zeiten.

> *Das ist Vertrauen. Und es basiert auf Qualität. Die erspart Ausgaben für Werbung, Warenrücksendungen, Verärgerungen und die Kosten einer jährlichen Erneuerung der gesamten Produktpalette.*

Die Einstellung auf Qualität führt zu Geld. Wenn Spielzeugeinkäufer zur Spielzeugmesse nach New York kamen, sprang der Unterschied ins Auge. Käufer, die in den Ausstellungsraum von Mattel gingen, schauten sich die Mediaplanung für neue Produkte an. Manche bestellten daraufhin. Manche blieben noch, um sich

Anzeigen anzusehen, und ganz selten schauten sie sich noch das Produkt an.

Im Ausstellungsraum von Fisher-Price dagegen bekamen sie die Mediaplanung nicht zu sehen, es sei denn, sie bestanden darauf und hatten das Glück, jemanden zu treffen, der die Pläne kannte. Manchmal gab es ein paar Anzeigen, die gelegentlich prüfend gelesen wurden. Aber unweigerlich wollten die Einkäufer die Produkte von Fisher-Price sehen. Wer von Fisher-Price kaufte, bezog Ware und nicht Werbung.

Wenn Eltern einkauften, war es das gleiche. Suchten Sie nach einem Spielzeug, von dem sie nicht genau wußten, wer es herstellte oder ob es das überhaupt gab, so gingen sie zu einer Fisher-Price-Abteilung und fanden entweder, was sie suchten, oder ein anderes Spielzeug, das ihnen gefiel. Das ist Vertrauen. Und es basiert auf Qualität. Die erspart Ausgaben für Werbung, Warenrücksendungen, Verärgerungen und die Kosten einer jährlichen Erneuerung der gesamten Produktpalette.

Während wir bei Montron dank der wegweisenden Grundüberzeugung erfolgreich wurden, versuchte eine andere Gruppe von Designern in Buffalo ein Standardspielzeug zu verbessern: den Drachen. Der Fisher-Price-Drachen sollte ein Riesenschritt vorwärts für die Kindheit werden, und fast hätte er funktioniert. Alles, was der Benutzer zu tun hatte, war, den Drachen aus dem Karton zu nehmen, zwei röhrenförmige Verstrebungen in einen Flügel aus Mylar und Fasern zu stecken, und schon war der Drachen flugbereit.

Er hatte die Form einer Fledermaus und besaß eine eingebaute zurückziehbare Sehne als Stabilisator zum Herabdrücken des Hinterteils. Zum Flug setzte man ihn auf die Erde, nahm den Handgriff und ging weg. Dabei gab die Sehne die zwanzig Meter lange Leine frei. Wenn die Leine am Ende anschlug, schnellte der Drachen vom Boden hoch und stieg bei kräftigem Wind stracks in die Höhe.

Die Leute bei Fisher-Price gaben eine halbe Million Dollar aus, um aus einer großartigen Idee den Fledermausdrachen zu machen. Und wie sie so im starken Wind standen und den Fledermausdrachen hoch in den Winden am Eriesee fliegen sahen, waren sie sicher, daß sie einen Gewinner hatten.

Doch dann versuchten sie, ihn an einem Tag fliegen zu lassen, an dem der Wind nur halb so stark war. Da wollte der Drachen nicht fliegen, er war zu schwer. Dabei hatte er sämtliche Qualitätsprüfungen bestanden. Der Drache zerbrach nicht, wenn er aus großer Höhe fallengelassen wurde. Er zerriß nicht einmal, wenn man darauf herumtrat. Er war haltbar, die Farben verblaßten nicht, und er enthielt kein toxisches Material. Zum Teufel, Kinder konnten sogar darauf herumbeißen.

Irgendwie hatten die Tüftler, die sich den Fledermausdrachen ausgedacht hatten, den Schlüsselbestandteil von Qualität verpaßt – Funktionalität. Er funktionierte nicht, wie sie es sich vorgestellt hatten. Bei leichtem Wind, wenn andere Drachen in der Luft waren, flog der Fledermausdrachen nicht. Er saß feist am Boden, flatterte wie eine Vogelscheuche und wackelte wie ein Pinguin. Die Tüftler hatten nicht kapiert. Sie folgten treu den aufgestellten Regeln, aber die Grundüberzeugung war nicht in sie eingegangen.

Nach drei peinlichen Monaten und der halben Million schmerzhafter Dollars zog Fisher-Price den Drachen still vom Markt zurück. Der Projektmanager des Fledermausdrachenprojekts verstand die Regeln. Der Drachen fiel nicht durch die Fallprüfung und war nicht toxisch. Er hatte aber nicht das, was die Regeln schützen sollten – bleibenden Spielwert. Der Plattenspieler bestand den gleichen Falltest und war auch nicht toxisch. Er hatte lebenslang haltende Lötnähte und konnte keine Schallplatten zerkratzen. Er funktionierte und machte unter normalen Abspielbedingungen Freude.

Drei Wege zur Qualität in Ihrem Geschäft

1. Qualität muß alles durchdringen, denn wenn die Qualität besser wird, gehen Vertriebs- und Garantiekosten zurück und die Effizienz erhöht sich. Qualität darf aber nicht nur als Aussage oder Schlagwort formuliert werden. Sie muß ein gut geschriebenes, unternehmensweit verbreitetes Grundgesetz sein.

2. Qualität kann in nichts hineininspiziert werden. Wenn Sie zehn Prozent Ausschuß entdecken, versenden Sie noch mindestens ein Prozent Ausschuß, weil Inspektion selbst ein unvollkommenes Verfahren ist. Helfen Sie Ihrer Qualitätsabteilung, die Ursachen der Mängel zu entdecken und zu beheben, statt nur Ausschuß abzufangen.
3. Reservieren Sie jeden Monat aufs Geratewohl einen Tag für Besuche, bei denen Sie nichts anderes tun, als die Qualität in einem bestimmten Bereich zu überprüfen. Es sollte jeden Monat ein anderer Tag sein. Tun Sie an diesem Tag nichts anderes, nehmen Sie keine Anrufe an, empfangen Sie niemanden und nehmen Sie an keiner Konferenz teil. Wenn Sie auf Qualitätssuche gehen, verbringen Sie den ganzen Tag damit, Arbeitnehmer und Kunden auszufragen. Fragen Sie, was geschieht und wie es besser gemacht werden kann. Bald werden Ihre Mitarbeiter daran anknüpfen und von sich aus zur Qualitätsverbesserung beitragen. Es wird Teil der Unternehmenskultur.

Kapitel 42

Mit einem Blatt Papier managen

Ein Blatt Papier. One. Uno. Drei minus zwei. Robert Vlasic, der ein Kfz-Leasinggeschäft, ein Pflegeheim, eine Immobilienfirma und ein Produktionsunternehmen für sauer eingelegte Gemüse besaß und managte, sagte: »Bei mir gibt es die Regel, daß mir jede Woche *ein*, nur *ein* Stück Papier von jeder meiner Firmen gegeben wird.« Er bringt damit zum Ausdruck, daß es nur einige wenige Faktoren sind, die in jedem Geschäft den Ausschlag geben. Wenn sie richtig eintreten, läuft alles andere wie von selbst.

Sein Blatt für das Einweckgeschäft zeigt an, wieviel Kästen jeder Warenkategorie in der Berichtswoche verschickt wurden, ferner den Gesamtumsatz in Dollar, den Bruttogewinn und die Lohnsummen für jede Fabrik. Auf dem Blatt werden auch die Zahl der bezahlten Stunden für Verwaltung und Lohnarbeit sowie die Überstunden aufgeführt, ebenfalls aufgeteilt nach Fabriken. Hinzu kommen Wochen- und Quartalsvergleiche.

Das Einweckgeschäft wuchs rapide, und in den anderen drei Firmen war der Geschäftsverlauf stabil. Rapides Wachstum führt oft zum Verlust von Kontrolle, doch Vlasic weigerte sich, es kompliziert werden zu lassen. Sein Unternehmen stellte eine breite Palette von 73 Produkten her, darunter Gewürzgurken, Sauerkraut, Paprikaschoten und alle Arten von Mixed Pickles. Bis 1970 kam Vlasic auf vier Fabriken und hatte Verträge mit etlichen Gurkenanbauern geschlossen. Trotzdem, Robert Vlasic würde es nicht kompliziert werden lassen.

In Vlasics erstem Jahr, 1962, belief sich der Umsatz auf 1,7 Millionen Dollar und der Gewinn auf 100 000 Dollar. Bis 1971 stiegen die Umsätze auf 27 Millionen Dollar und die Gewinne auf 1,8 Millionen Dollar. »Wachst so schnell, wie ihr wollt«, sagte Robert Vlasic 1971, »solange wir eine Gewinnspanne von fünf Prozent behalten.« Die Gewinne machten 1971 knapp sieben Prozent vom Umsatz aus. Jede Vorausplanung der Firma wurde mit höheren Umsätzen und größeren Gewinnen übertroffen. Die leitenden Angestellten schätzten 1971, daß 1975 der Jahresumsatz auf 55 Millionen Dollar steigen würde. Tatsächlich erhöhte er sich auf 60 Millionen Dollar.

Die Verkaufsmanager wußten aber nicht, daß Heinz, Marktführer bei saurem Eingemachtem, sich entschlossen hatte, den Ketchupmarkt zu erobern. Heinz siegte bei Ketchup, verlor aber beim sauren Eingemachten, so daß Vlasic plötzlich Marktführer für sauer Eingemachtes wurde. (Man kann nicht alles für alle sein. Ketchup gewonnen, sauer Eingewecktes verloren.)

Jeder konzentrierte sich auf die wenigen Dinge, die zählten – Versandmengen, Kosten, Überstunden und Preise.

Es war leicht. Die Einweckwarenfirma Vlasic wurde einfach und direkt geleitet und ließ nie die Gewinne beim Streben nach Umsätzen abrutschen. Beides kam ganz natürlich, und der Schlüsselgrundsatz unter Vlasics Prinzipien war, das ganze Geschäft von einem Blatt Papier aus zu managen. Das erzwang eine Konzentration auf das Wesentliche. Jeder konzentrierte sich auf die wenigen Dinge, die zählten – Versandmengen, Kosten, Überstunden und Preise.

Man kann Unternehmen nach Rechnungsabschlüssen leiten, aber das ist wie am Heck stehen und dem Kapitän mitteilen, auf welche Klippen das Schiff soeben nicht aufgefahren ist.

Wie Sie vorausschauende Berichte bekommen

1. Bringen Sie den Bericht des Managements auf ein einziges Blatt Papier, indem Sie alle unwesentlichen Einzelheiten weglassen. Führen Sie Versandmengen, Auftragsbestände, Abbestellungen und Lohn- und Gehaltsaufwendungen als Standardbestandteile auf. Die meisten Buchführungsdaten sind historisch, fügen Sie einige nach vorn gerichtete Daten wie Kundenkredite, Rücksendungen, Anzeigenresonanz, Zahl der Anfragen von außen hinzu, um ein Gefühl für den Markt zu bekommen. Führen Sie Produktentwicklungskosten gegenüber Entwicklungsständen und Zielprojektionen auf.
2. Geben Sie das Blatt jede Woche in Umlauf, so daß jedermanns kritische Zahl von jedem anderen gesehen wird und es keine Geheimnisse gibt. Stellen Sie die positiven wie die negativen Abweichungen heraus, damit jeder schnell sieht, was vor sich geht.
3. Bleiben Sie bei der Blattpraxis. Nehmen Sie sich keine Zeit für andere »interessante« Berichte, die Mitarbeiter mit zuviel Zeit verfassen, um ihren Status zu erhöhen. Kommen Sie mit dem einen Bericht aus und ignorieren Sie alle anderen. Halten Sie einmal im Jahr eine Konferenz ab, um über Revisionen des Berichts und Weglassungen zu entscheiden. Wenn Sie revidieren, lassen Sie den Bericht nicht größer werden. Jede Hinzufügung muß zu einer Weglassung an anderer Stelle führen. Verwenden Sie eine große Schrift.

Kapitel 43
Simpel investieren

Die Manager an der Wall Street rochen das Geld in Forest City im Staat Iowa. Sie mußten einfach hin, schließlich waren sie Spieler.

Und sie hatten in Forest City ein verlockendes Beutestück ausgemacht – Winnebago Industries.

In Forest City mit seinen 4100 Einwohnern gedieh Winnebago Industries 1987 prächtig. Der Auftragsstrom war stark, es sah so aus, als ob am Jahresende wöchentlich 1000 Wohnwagen das Werk verlassen könnten. Dutzende von Einwohnern des Orts wurden Millioneninvestoren. Keiner war reicher als John K. Hanson, der 79 Jahre alte hochtrabende und eigensinnige Gründer von Winnebago.

Hanson, dem die Hälfte der Firmenanteile gehörte, liebte es, zu versuchen, die Märkte zu überlisten. So bestellte Winnebago 1985 eine große Menge von Renault-Fahrgestellen, um in die neuesten Modelle einzusteigen. Bei Auftragsvergabe sah es für Hanson so aus, als ob der französische Franc unterbewertet sei, also kaufte er Francs auf Termin. Wie er später prahlte, lag er damit goldrichtig. Der Kurs des Franc stieg während des Zeitraums, in dem er die Renault-Fahrgestelle bekam und zu bezahlen hatte, so stark, daß er praktisch einige tausend Fahrgestelle umsonst bekam.

Hanson zeigte einem Reporter von der *Des Moines Register & Tribune* die Resultate. Die Firma verdoppelte ihren Jahresgewinn auf 20 Millionen Dollar, teilweise durch Hansons Schlauheit. Der Aktienkurs von Winnebago stieg gewaltig, und da er die Hälfte der Aktien besaß, stieg der Wert seines Vermögens auf 80 Millionen Dollar.

Und die Leute von der Wall Street konnten nicht schnell genug nach Forest City kommen. Es spielte keine Rolle, daß es nur zwei Wege nach Forest City gab, über Des Moines oder über Minneapolis, und daß von beiden Städten aus lange Mietwagenfahrten durch flaches Farmland erforderlich waren, um ans Ziel zu gelangen. Es gab dort Geld, mit dem man spielen konnte, und diese Leute waren Spieler.

Die Firmenleitung traf mit etlichen gescheiten Geldmanagern und Anlageberatern zusammen. »Im vergangenen Jahr«, sagte Hanson über die neue Entwicklung, »verdienten wir 13 Millionen Dollar an der Börse und neun Millionen am Geschäft.«

Im folgenden Jahr erwarb Winnebago mit einem starken Fremdkapitaleinsatz einige IBM-Zentralrechner-Leasingverträge. Das Spielkasino war offen, und die Berater boten Aktienanlagen, Stellagegeschäfte, Spiele mit Obligationen, Optionsgeschäfte und all die anderen Dinge an, die Finanzexperten für gelangweilte Leute mit Geld erfinden.

Etwas Komisches passierte, das Kasino gewann. Die Obligationsgeschäfte rentierten sich mittelmäßig, der Markt für motorisierte Eigenheime weichte auf, als gerade die Kapazität der Fabrik erhöht worden war, und die Leasingverträge für die IBM-Zentralrechner wurden zu Katastrophen. Die Firma verdiente 1988 nur drei Millionen Dollar, der Aktienkurs sackte ab, 1989 versauerten noch mehr Investitionen und Winnebago machte einen Verlust von drei Millionen Dollar.

> *Der einzige sichere Weg, mit einem kleinen Vermögen zu enden, ist, mit einem großen Vermögen zu beginnen.*

Winnebagos Hauptkonkurrent, Fleetwood, tätigte keine spekulativen Investitionen, und 1987 hatte die Firma längst nicht so ein gutes Jahr wie Winnebago. Doch 1988 schnitt sie erheblich besser ab als Winnebago. Sie verfolgte einen glatten, direkten Investitionsweg. Sie würfelte nicht, sie legte ihr überschüssiges Geld in Termindepositen und Schatzwechseln an. Ihre Gewinne waren hoch, nicht spektakulär, und im folgenden Jahr waren sie immer noch hoch.

Fleetwood war eben nicht so abgelenkt von phantasiereichen Investitionen, sondern konzentrierte sich statt dessen auf das eigene Geschäft und sah Winnebago nach einigen Jahren nur noch im Rückspiegel. Der Erfolg war teilweise auf rein altmodische Geschäftigkeit zurückzuführen, teilweise aber auch darauf, daß das Management sich dem Geschäft widmete und sich nicht in Phantasien verstieg, meinten Wall-Street-Analysten, die die Kursentwicklung der Fleetwood-Aktie verfolgten.

Wenn Sie nicht an der Börse sind, besuchen Sie sie nicht. Wenn Sie Informationen nicht schneller bekommen als andere außenstehende Investoren, ist der einzige sichere Weg, mit einem kleinen Vermögen zu enden, mit einem großen Vermögen zu beginnen.

Wie Sie bei dem bleiben, was Sie kennen

1. Legen Sie überschüssiges Geld in Termindepositen, Schatzwechseln und Obligationen an. Denken Sie dann nicht, daß Sie besonders schlau sind, wenn Sie damit besser abschneiden als alle anderen, denken Sie aber auch nicht das Gegenteil, wenn Sie schlechter wegkommen. Sie sind bei jedem Ergebnis schlau, weil Sie Ihre Anstrengungen minimiert und damit Ablenkungen vermindert haben. Auf lange Sicht schneiden Sie besser ab.
2. Wenn Sie außenstehende Vermögensverwalter anheuern, dann nur wenige. Wählen Sie die mit den niedrigsten Gebühren und sichersten Kontrollen, und lassen Sie die Vermögensverwalter nicht von der unter 1) genannten Regel abweichen. Vereinbaren Sie eine kleine Vergütung bei leicht über dem Marktdurchschnitt liegenden Renditen. Gewähren Sie keinen Bonus für extrem überdurchschnittliche Erträge – das wäre Verleitung zum Glücksspiel.

3. Überwachen Sie das Abschneiden Ihrer Anlagen am Markt nie täglich. Sonst spekulieren Sie und kommen bald in Versuchung zu reagieren. Investieren Sie in simple, nicht spekulative Anlagen und warten Sie deren Erträge ab.

Kapitel 44

Schneller verhandeln

Neue Produkte brauchten wir 1973 bei Honeywell. Zum einen sah es so aus, als wollte uns Pentax die Vertriebsrechte für ihre Kameras nehmen und ihre Produkte in Nordamerika selbst verkaufen. Genau das trat ein. Zum anderen verdrängte Vivitar mit billigen Bezügen aus dem Orient unsere elektronischen Blitzlichtgeräte aus dem Markt. Bei den hohen amerikanischen Löhnen waren wir nicht mehr wettbewerbsfähig, wir verloren den Markt für unsere Blitzlichtgeräte. Außerdem stagnierte der Absatz von Schmalfilmkameras sowie von Dia- und Schmalfilmprojektoren, bei denen Kodak den Markt dominierte.

Es wurde Zeit, sich zu bewegen. »Wie wär's mit AGFA?« sagte jemand nachdenklich bei einer Mitarbeiterkonferenz. Damals war AGFA drittgrößter Filmhersteller der Welt, dicht hinter Fuji, während beide weit hinter Kodak lagen.

Ich rief AGFA an. »Wir haben 60 US-Vertriebsagenten und sechs Telefonverkäufer«, sagte ich. »Jeder Fotohändler im Land hört mindestens alle zwei Wochen von uns. Einige der größeren sehen jeden Tag jemanden von Honeywell.«

Es war ein verführerisches Lied. AGFA kämpfte mit sich. Sie hatten 15 Vertreter in den USA, und zwischen deren Besuchen eines Abnehmers lagen oft Monate. Es kam auch nicht zu stetigen Lieferungen, weil die AGFA-Vertretungen dazu tendierten, in einer Woche zuviel auf Lager zu haben und in der nächsten Woche nichts.

Zwei Wochen später fuhr ich in New Jersey im Auto mit dem Chefmanager von AGFA in den USA, Robert Coppenrath, der den Spitznahmen »Mighty Mouth«, schöner als das deutsche »Schnauze«, hatte. »Herr Sutton, wir würden Ihnen gern diese schöne Tochter von uns geben«, sagte Coppenrath zum Vertrieb von AGFA-Filmen in den USA, »aber Sie verstehen, daß ihre Nase wieder nach vorn gebracht werden muß.«

Das war nur seine Art zu sagen, daß der Absatz flau war und die Verbrauchsgüterabteilung von AGFA ständig Verluste erlitt. Wir waren nur an den Verbrauchsgütern interessiert, so daß wir uns entschlossen, der Nase unsere Aufmerksamkeit zu widmen.

So unterhielten wir uns über die Möglichkeit gesteigerter Umsätze, wenn Honeywell den Absatz von AGFA-Verbrauchsgütern übernehmen würde. Die Strategie war, die Vertriebskräfte von AGFA und Honeywell durch Einsatz von 65 der 75 verfügbaren Vertreter zu kombinieren. Die Einzelhändler würden die Honeywell-Vertreter noch häufiger sehen als bisher und der AGFA-Absatz stetiger werden. Er würde nicht forciert, aber statt gelegentlicher Großaufträge gäbe es mehr kleine Aufträge. Die 65 Vertreter hielten dann AGFA-Erzeugnisse stetig auf Lager und brächten sie bei ihren Besuchen als letzte Warengruppe stets ins Gespräch. Es würde keine zu großen Lagerbestände und keine Ausverkäufe ohne Nachschub mehr geben. Unsere Vertreter wären nicht abgelenkt, würden aber, so nahmen wir an, mehr umsetzen.

Während Sie verhandeln, verdienen Sie kein Geld.

Bei meiner Frage nach dem AGFA-Verarbeitungslabor in Flushing, New York, hatte ich gehofft, AGFA würde es behalten. Wir wollten nur den Vertrieb übernehmen. Coppenrath antwortete, wie nur er es konnte: »Wir würden unser Restaurant nicht verkaufen, wenn der Verkäufer nicht auch die Küche mit übernimmt«, sagte Mighty Mouth.

Es ergab alles einen Sinn. AGFA verdiente nichts beim Niveau seiner Umsätze in den USA, und Honeywell brauchte ein neues

Produkt für das eigene Vertriebsnetz. Ernsthafte Verhandlungen begannen zwei Wochen später in Denver.

Wir legten das Fundament, ehe wir begannen. Zuallererst nannten wir ihnen maximale Preisziele, die wir für die Produkte akzeptieren könnten. Wir bauschten es nicht auf. Nicht sehr. Sie erläuterten nachher genau, wieviel Umsatz sie brauchten, und ich glaube nicht, daß sie das aufbauschten. Nicht sehr.

Wir waren damit einverstanden, AGFA bei der Festsetzung der Verkaufsziele mitwirken zu lassen, jedoch nur unter der Bedingung, daß wir zurücktreten und andere Produktmöglichkeiten verfolgen würden, sofern ihre Vorstellungen sich furchterregend entwickelten. Wir hatten mehrere andere Möglichkeiten. Keine davon stand in Konkurrenz zu Filmen, und jede hätte eine erhebliche Vorbereitungszeit erfordert. Aber wir hatten Optionen.

Wir benötigten drei Zusammenkünfte. Das war alles. Es stellte sich heraus, daß die Preisziele bequem zu erreichen waren. Der schwierige Punkt war, wieviele verschiedene Erzeugnisse wir führen würden, doch die Lösung wurde innerhalb von 45 Minuten beim zweiten Treffen gefunden, als jede Seite unter dem Banner gemeinsamen Gewinns ein wenig nachgab. Die Kompromisse waren leicht zu erzielen, weil beide Seiten zu Beginn vernünftige Mindesterwartungen darlegten.

Beim dritten Treffen akzeptierten wir die Verkaufsziele von AGFA, die höher waren als der bisherige Umsatz, denn je mehr wir vom bisherigen Elend beim Vertrieb hörten, desto sinnvoller schien die neue Strategie zu sein.

Zwei Monate später wurde unterzeichnet. AGFA verminderte seine Vertriebskosten und erreichte eine kleine Umsatzsteigerung. Honeywell kam auf ein Umsatzplus von fünf Millionen Dollar und einen bescheidenen Verdienst daraus. Und es waren nur sechzig Tage nötig, um alles zusammenzusetzen. Sie verdienen kein Geld, während Sie verhandeln. Verhandlungen, die sich lange hinziehen, bauen Widerstände auf. Streben Sie stets ein günstiges Ergebnis schnell an und versuchen Sie nie, das Maximale zu erreichen.

Wie Sie produktiver feilschen

1. Kennen Sie zu Beginn genau Ihre Mindesterwartungen. Wenn die andere Seite auf weniger besteht, verlassen Sie höflich den Raum. Geben Sie zu Beginn von Verhandlungen die besten Ergebnisse bekannt, die Sie erhoffen, und rechtfertigen Sie diese Erwartungen. Nennen Sie der anderen Seite Gründe dafür, daß sie Ihre Prämissen annehmen und Ihren Bedarf verstehen sollte.
2. Lassen Sie niemanden zuviel verhandeln, der das Verhandeln liebt. Bei gut geführten Verhandlungen sind etwas Schmerz und Empfindlichkeit nicht zu vermeiden. Wer sich daran erbaut, ist wahrscheinlich ein Menschenschinder. Bevor Sie zu irgend etwas Ihre Zustimmung geben, machen Sie alles abhängig davon, daß ein Termin für den Abschluß der Verhandlungen eingehalten wird, und erläutern Sie, warum das in beiderseitigem Interesse liegt. Es gibt Alternativen. Wenn Sie keine Alternativen haben, sind es keine Verhandlungen.
3. Legen Sie sich Alternativen fest, bevor Sie in Verhandlungen gehen. Sie verhandeln immer besser, wenn Sie keine Übereinkunft brauchen. Der größte Fehler ist, nur über eine Möglichkeit zu sprechen, bevor die nächste gefunden wird. Wenn Sie mehrere Optionen haben, brauchen Sie nicht zu verzweifeln. Deshalb gehen Sie dann mit jeder Möglichkeit besser um.

Kapitel 45

Die Pyramide abflachen

Smiley Industries blutete, als ich 1988 als Chefmanager angestellt wurde. Es gab auf allen möglichen Geschäftsgebieten immer weniger Arbeit, so hieß es in Gerüchten. 40 Prozent aller NATO-Apache-Hubschrauber konnten nicht mehr starten, weil Smiley einen Teil des Getriebegehäuses nicht an McDonnell Douglas liefern konnte, wie in Kapitel 10 berichtet wurde. Die Herstellung von Gehäusen der MX-Raketen-Lenksysteme war profitabel gewesen, bis der Frieden ausbrach. Verdammter Frieden.

Es gab weitere Verdrüsse. Parker Hannafin drohte, Smiley den Vertrieb raffiniert produzierter hydraulischer Ventile wegzunehmen, weil es zu viele Rücksendungen gäbe. Rohr drohte, uns Aufträge zu entziehen, weil wir zu spät lieferten, ebenso Lockheed. Mit Northrup hatten wir auch Probleme. Wir machten monatlich 120 Angebote und gewannen nur bei durchschnittlich zehn Prozent. Das hieß, wir gewannen nur, wenn wir unsere gröbsten Fehler machten. (Später, als wir uns spezialisierten, wie in Kapitel 3 vorgeschlagen, reduzierten wir die Angebote auf monatlich 40, erhielten 50 Prozent Zuschläge und verdoppelten damit die Gewinne unterm Strich.)

Als der frustrierte Eigentümer von Davis Industries, einer der führenden Metallpräger von Detroit und Mehrheitsaktionär von Smiley, mich an die Spitze von Smiley brachte, beliefen sich die Verluste auf 30 Prozent vom Umsatz. Es war nicht mehr genug Geld für die nächsten Lohn- und Gehaltszahlungen vorhanden.

Die Firma war beim Absturz mit Überschallgeschwindigkeit nur noch anderthalb Meter vor dem Aufprall auf den Boden. Ich hatte keine Zeit zu blinzeln, sonst würde alles weggeschmettert, einschließlich vieler Arbeitsplätze, sogar meines eigenen.

Wir beknieten einige unserer Gläubiger und boten ihnen Ratenzahlung plus Barzahlung bei neuen Bestellungen an. Sie sahen ein, daß es besser war, auf unsere Vorschläge einzugehen. Dann refinanzierten wir das Geschäft mit McDonnell Douglas (Kapitel 10) und hatten nunmehr genug Geld für drei monatliche Lohn- und Gehaltszahlungen. Der Absturz hatte sich wenigstens zu einem Drei-Wochen-Abstieg verlangsamt. Das machte uns nicht optimistischer, aber wir hatten wenigstens Zeit zum Atmen.

Wir schauten uns den Betrieb an. Es gab eine riesige Kluft zwischen der technischen Abteilung und der Fabrik. Von den neun Ingenieuren waren nur zwei regelmäßig in der Fabrik, und diese zwei verbrachten keinerlei Zeit mit Ingenieurarbeit. Die Fabrikingenieure hatten einen Vorgesetzten, der niemanden sonst unter sich hatte und seinerseits einziger Untergebener seines Chefs war, der auch niemand anders unter sich hatte und seine Berichte eine Etage höher abgab. Ein Organisationsplan hätte wie ein Totempfahl ausgesehen.

Wir änderten den Betrieb. Wir stellten einen neuen Leiter der technischen Abteilung ein, der jedem der neun Ingenieure die individuelle Verantwortung für je 20 Projekte zuwies.

Das Ergebnis war ein Chaos. Die Ingenieure wanderten in der Fabrik umher, von ihrem Produktionsbereich zu anderen, und boten dort Hilfe im Gegenzug für Hilfe bei ihrer Arbeit an. Die Verantwortung führte auf diese Weise zu Teamarbeit, wenn es auch am Anfang verwirrend aussah – entropische Energie.

Hierarchien machen Organisationen träge.

Obwohl noch vieles unkontrolliert aussah, gingen die verspäteten Auslieferungen von 40 auf 20 Prozent zurück. Rockwell gab uns unseren Status als Vorzugslieferant wieder. Die Firma hatte von der Tragödie zur Mittelmäßigkeit zurückgefunden. Die nächste Herausforderung war, verfrühten Jubel zu vermeiden.

Sobald die Organisation abgeflacht worden war, wurde sie effizient. Davis Industries atmete erleichtert auf, akzeptierte ein Angebot, die Firma für viele Millionen Dollar zu übernehmen, und widmete sich wieder seinem »angenehmen« Geschäft: der Herstellung von Kfz-Teilen.

Wie Sie die Reaktionszeiten Ihres Unternehmens verkürzen

1. Reorganisieren Sie die Firma so, daß eine Ebene des mittleren Managements entfällt. Ignorieren Sie das Widerstreben der Betroffenen und deren Klagen, Kontrollen gingen verloren. Hierarchieebenen schaffen weniger und nur die Illusion von mehr Kontrolle.
2. Eliminieren Sie jede Managementposition mit weniger als vier Mitarbeitern. Solche Vorgesetzten haben zuwenig zu tun und managen aus Schuldbewußtsein exzessiv. Nehmen Sie ihnen die unnütze Verantwortung und geben Sie ihnen sinnvolle Aufgaben.
3. Spalten Sie Ihr Geschäft auf. Vergessen Sie die angebliche Effizienz durch Kostendegression bei zunehmender Größe einer Organisation. Größe bedingt mehr Hierarchieebenen, und die verringern die Reaktionsfähigkeit. Das Management wird mit zunehmender Größe isolierter. Schaffen Sie gemeinsame Dienstleistungen ab, sie werden arrogant. Teamarbeit kehrt zurück, und die schlägt allemal die angeblichen Kostendegressionsgewinne.

Kapitel 46

Auf Warnzeichen achten

Oak Industries stellte Brenner für Gasöfen her. Es war ehrliche Handarbeit, die Mannen an der Spitze von Oak Industries wollten aber mehr, als ihre Erfolge nur an den Kegelbahnen des Staates Illinois zur Schau stellen. So lasen sie 1979 ihre Firma zusammen und beförderten sie in das einschmeichelnde Rancho Bernardo in Kalifornien.

Die offizielle Erklärung für die Verpflanzung hatte etwas mit Diversifikation in Richtung Fernsehgeräte und Fernsehsender zu tun. Da gab es aber noch mehr als die Diversifikationen. Man sah es am gewölbten spanischen Gebäude des Unternehmens auf dem Gipfel einer kalifornischen Erhebung, am eleganten Innenhof und dem Terrazzobelag des Parkplatzes. Die Leute von Oak Industries wollten aller Welt zeigen, daß sie obenauf waren.

Sie beschäftigten einen Innendekorateur, den es »recht unangenehm« berührte, daß die Gehäuse der IBM-Schreibmaschinen nicht ganz zum erdfarbenen Dekor paßten. Fünf Dutzend Gehäuse wurden daraufhin entfernt und mit Sprayfarben teils terrakotta-, teils malvenfarben und teils neumexikoblau eingefärbt.

Oak Industries legte sich im ganzen Land einen Fernsehsender nach dem anderen zu und sah die Amortisation der bezahlten exzessiven Preise über einen Zeitraum von 40 Jahren als Goodwill vor. Die Kosten von Umzug und neuem Gebäude wurden über einen Zeitraum von zehn Jahren abgeschrieben. Das alte, überladene Firmenemblem aus den fünfziger Jahren wurde in ein zeitgenössisches, winkelförmiges umgewandelt. Alles war großspurig, auch die Beschreibung der Firma im Jahresbericht. Darin wurde Oak Industries unspezifisch prahlerisch als »blühendes Kommunikationsunternehmen« bezeichnet.

Eine Weile kauften die Banker das der Firma ab. Sie gewährten weiter Kredite, denn diese »profitable« Firma schien sie gut zu verwenden. Auch die Wall Street sprang ein, indem sie zahlreiche Obligationen von Oak bei nicht besonders wichtigen Kunden plazierte, damit Oak all die zahlreich anfallenden Rechnungen bezahlen konnte. Die Wall-Street-Firmen kauften keine der Obligationen auf, da dies einen Interessenkonflikt bedeutet haben könnte. Hübsch, nicht wahr? Schließlich sahen ja die Gewinne in der Bilanz großartig aus.

Schließlich, 1984, wendete sich das Blatt. Oak Industries meldete nach Jahren den ersten Verlust. »Dies ist ungewöhnlich«, sagte ein Mann mit roten Hosenträgern in Rancho Bernardo, als er den Verlust zu erklären versuchte. Das war es aber nicht. Es war der Beginn eines Zusammenbruchs.

Keiner wußte, was geschah, bis genau hingeschaut wurde, und dann wußte es jeder. Das Geld der Investoren war in einem lederumrandeten schwarzen Loch versunken.

Werden Sie hellhörig bei hohen Gehältern und geringen Incentives, Zunahmen der Lagerbestände, Erste-Klasse-Reisen, geschlossenen Türen, neuen Büros und alten Maschinen, Speiseräumen nur für Chefs und intensiven Betätigungen in Branchen- und sonstigen Wirtschaftsorganisationen.

Der Vorsitzende der Geschäftsführung trat zurück, und der Aufsichtsrat, erstaunt über das, was er selbst mit angerichtet hatte, ernannte genau den falschen Nachfolger aus genau dem falschen Grund. Der neue Vorsitzende war ein glänzender Versager. Er war einmal Chef einer Firma in Michigan namens Wickes gewesen. Er war genauso wie die Leute, die Oak Industries in Illinois geleitet hatten – auch er war mit seiner Firma vom Mittleren Westen der USA nach Südkalifornien umgezogen.

Dort hatte Wickes einen der höchsten Wolkenkratzer von San Diego bezogen und den Firmennamen daran angebracht. Wickes hatte rücksichtslose Firmenübernahmen durchgesetzt, bis am Ende alles auseinandergefallen und das Unternehmen in einem der größten Konkurse der US-Geschichte untergegangen war.

Das war also der neue Chef.

Oak blutete und schrumpfte und berichtete Verlust über Verlust, bis es nur noch halb so groß wie als Hersteller von Brennern war. Während Oak und Wickes ihre Ankunft in Kalifornien hinausposaunt hatten, hatte eine wesentlich ruhigere Mannschaft auch in San Diego angefangen, wie in Kapitel 5 zu lesen war.

An dieser Firma, Price Club, ist nichts auffällig, ausgenommen ihr Abschneiden unterm Strich. Die Hauptverwaltung ist noch immer in einem Industriegebäude, und der Chef hat noch immer ein Bücherregal aus zwei Betonklötzen und einem Brett darauf. Doch unterm Strich blieb 1991 ein Gewinn von 129 Millionen Dollar. Unter dem Strich ist für ein Unternehmen der einzige angemessene Platz zur Herausstellung von Reichtum.

Wo Reichtum sonst ins Auge fällt, ist Vorsicht vor Schwierigkeiten geboten. Oak Industries und Wickes begriffen das nicht. Beide flogen hoch hinaus, als sie aufs Ganze gehen wollten, verstanden aber nicht, daß Änderungen des Firmenemblems, Neuausstattungen von Büros und Umzüge nichts bewegen, sie sind nur Zeichen von Ablenkungen. Wenn Sie sich bei Änderungen des Firmenemblems und der Möbelausstattungen erwischen, hören Sie auf damit, gehen Sie unter die Dusche, gehen Sie spazieren.

Diversifikation bringt meistens auch nichts. Hochleistungstelefonanlagen und Computer kosten viel und bringen nie Gewinne ein. Es gibt zahllose Stellen, an denen Schwierigkeiten zu finden sind, bevor sie in der Gewinn- und Verlustrechnung auftauchen. Wenn Ihre Parkplätze schon um 19 Uhr leer sind, haben Sie Schwierigkeiten. Wenn Sie bessere Beziehungen zu Zulieferern und zu den Medien haben als zu Kunden, stimmt etwas nicht.

Werden Sie hellhörig bei hohen Gehältern und geringen Incentives, Zunahmen der Lagerbestände, Erste-Klasse-Reisen, geschlossenen Türen, neuen Büros und alten Maschinen, Speiseräumen nur für Chefs und intensiven Betätigungen in Branchen- und sonstigen Wirtschaftsorganisationen. Hinter grandioser Publicity, gestundeten Zinszahlungen, Kapitalisierung von Forschungs- und Entwicklungsaufwendungen und Stolz auf Größe statt auf Gewinne verbergen sich Probleme.

Wie die Übel zu vermeiden sind

1. Reagieren Sie auf Umsatzrückgänge nie mit Änderungen des Firmenlogos, Übernahmen von auf anderen Gebieten tätigen Firmen oder Wechsel in den Buchhaltungsmethoden. Lösen Sie die wirklichen Probleme, bevor Sie an Kosmetik denken. Übertünchen Sie nicht faules Holz.
2. Die Buchhaltung nennt Vorräte und Forderungen Aktiva. Das sind sie nicht. Wenn Ihr lokaler Lebensmittelladen sie statt Bargeld annimmt, dann sind es Aktiva. Häßlich und gefährlich, steuern sie nichts bei, bis sie zu Geld geworden sind. Die Gewinne steigen nicht, wenn Vorräte und Forderungen nicht heruntergehen.
3. Es gibt keine perfekte Buchhaltungsperiode, keinen perfekten Standort und keine perfekten Möbel. Sie zu verändern, kostet nur Geld und hat keine andere Wirkung fürs Geschäft. Spielen Sie nicht mit diesen kosmetischen Maßnahmen, bis Sie drei Jahre hintereinander ein echtes Gewinnwachstum erzielt haben. (Auch dann wünschte ich mir, Sie täten es nicht.)

Kapitel 47

Hartnäckiger verkaufen

Bob Hartley war 26, als er 1968 angestellt wurde, um Learjets zu verkaufen. Es war schon sein Ziel, Düsenflugzeuge zu verkaufen, als er drei Jahre zuvor Verkäufer von IBM-Schreibmaschinen wurde. Schon damals, mit 23 Jahren, bewarb er sich bei Gates Learjet und kam jeden Monat wieder, bis er schließlich vom Manager für den Raum Dallas, Phil Lovett, angeheuert wurde. Lovett war beeindruckt von Hartleys Hartnäckigkeit. Hartley verkaufte sich selbst.

Hartley kam zu einer Gruppe von großspurigen Kollegen, die lebten und arbeiteten und speisten und tranken und viele Flüge hoch in den Himmel unternahmen, um ihr jährliches Verkaufssoll von einem einzigen Flugzeug zu erreichen. Ein Jet für eine Million Dollar sorgte für ein spannungsreiches Jahr – es ging um alles oder nichts.

Hartley lächelte, schüttelte die Kollegenhände und ging dann seinen eigenen Weg – in sein Büro. Die Kollegen kicherten, als sie statt dessen zu Spesentouren aufbrachen, zum Golf oder nach Las Vegas, manchmal auch beides, oder um potentielle Kunden zu großen Essen einzuladen. Hartley hatte andere Pläne.

Er stellte ein aufklappbares Schaubild zusammen, aus dem die wirtschaftlichen Nutzungsvorteile des Learjets zu ersehen waren. Das Schaubild zeigte die Arten von Firmen und Reisegewohnheiten, die das Flugzeug zu einer sinnvollen Anschaffung machten. Auf dem Schaubild waren auch Hochglanzfotos von schimmernden Learjets im Flug und auf dem Boden mit unterschiedlichem exotischem Hintergrund. Hartley war nicht nur rational.

Er ging auch auf Demonstrationsflüge wie die anderen Verkäufer, doch im Gegensatz zu ihnen führte er *vor* jedem Flug ein einige Stunden dauerndes Qualifikationsgespräch. Die anderen Verkäufer führten die gleichen Gespräche während des Flugs. Die in der Unterhaltung gewonnenen Informationen waren wesentlich: die Meinung des Interessenten oder der Interessentin über den Learjet, seine oder ihre Reisegewohnheiten und sein oder ihr finanzieller Status.

Hartley tat sogar noch mehr zur Vorbereitung. Er pflegte Beziehungen mit Reisebüros und Flugzeugchartergesellschaften. Manchmal erhielt er Informationen, welche Kunden am meisten flogen. Durch seine häufigen Besuche entdeckte er nach einiger Zeit selbst potentielle Kunden. Dann studierte er Berichte von Dunn & Bradstreet über deren Firma, um sich ein Bild von der finanziellen Lage des Unternehmens zu machen.

Daraufhin schrieb er einen Brief an den Chefmanager. Er stellte sich und Learjet in einem Appell vor, der sorgfältig auf das zugeschnitten war, was er über die Firma in Erfahrung gebracht hatte. Einige Tage später rief er an und bat um einen Gesprächstermin in einer Woche. Es wurde ihm gesagt, jemand würde ihn zurückrufen. In der folgenden Woche rief er wieder an. Jeden, den er aufs Korn genommen hatte, rief er fünfmal an. Zehn neue Kandidaten kamen jede Woche dazu.

Er tat dies ohne Unterlaß – seine Geschichte vortragen und neue Kandidaten finden. Doch es war jedes Mal das gleiche: Nichts geschah.

> *Glänzende Schuhe und ein schnelles Lächeln schaden nichts.*
> *Aber mehr Anrufe und Besuche bringen mehr Chancen.*

Die Kollegen lachten sich ins Fäustchen, wenn er bei Konferenzen der Vertriebsabteilung berichtete, wie viele Präsentationen er machte und was er tat, um neue Interessenten auszugraben. Einige der Verkäufer mit den alkoholverdächtigen Augen nahmen ihn beiseite und schenkten ihm diese Ein-Verkauf-pro-Jahr-Worte der Weisheit: »Sie müssen mit diesen Leuten trinken. Spielen Sie Golf mit ihnen, nehmen Sie sie mit nach Las Vegas. Nutzen Sie Ihr Spesenkonto.«

Phil Lovett blieb geduldig. Er kannte sein Geschäft und wußte, daß Hartley arbeitete. Verkäufe kamen aus dem Nirgendwo, von überall, von irgendwo und irgendwann. Oder vielleicht eine Weile lang auch nicht. Eins sprach zu Hartleys Gunsten – er hielt die Ausgaben niedrig. Doch Hartley fühlte sich zunehmend frustriert. Später gab er zu: »Ich begann einen riesigen Karrierefehler zu befürchten. Ich versuchte, Jets für eine Million Dollar so zu verkaufen wie vorher Schreibmaschinen für dreihundert Dollar. Es gab keinerlei Anzeichen, daß es funktionieren, und viel Überzeugung von anderen, daß es nicht klappen würde.«

Im Mai 1969 kaufte C. K. Stillwagon, der von Houston aus waghalsige Erdölbohrungen betrieb, einen Learjet von Bob Hartley. Dieser eine Verkauf brachte ihm eine Provision von 10 000 Dollar, sein Jahresgehalt belief sich auf 14 000 Dollar. Im Juni verkaufte er einen weiteren Jet, und im Juli schaffte er es wieder. Er verkaufte elf Learjets in sieben Monaten und verdiente damit über 100 000 Dollar. Hartley löste auch einen Kulturschock in der Vertriebsabteilung von Gates Learjet aus, wo plötzlich auch an anderen Plätzen als in Las Vegas gearbeitet wurde.

Verkaufen ist wie jede andere Karriere. Glänzende Schuhe und ein schnelles Lächeln schaden nichts. Aber mehr Anrufe und Besuche bringen mehr Chancen – sogar Las Vegas versteht das.

Wie man die Effizienz des Vertriebs steigert

1. Legen Sie Wert auf die Umschau nach potentiellen Kunden. Bringen Sie Ihren Verkäufern bei, wie man das macht. Machen Sie die Suche nach neuen Kunden zu einem Thema bei Ihren Vertriebstreffen. Lassen Sie Ihre Spitzenverkäufer deren Erfahrungen damit mit den anderen teilen.

2. Zeigen Sie auf einer Schautafel die Anzahl der Kundenkontakte jedes Verkäufers und jeder Verkäuferin neben seinen und ihren Verkaufsabschlüssen. Zählen Sie Briefe und Telefonanrufe als gleichwertig mit persönlichen Besuchen. In den Großstädten kann ein Verkäufer aus einem einzigen Fahrstuhl heraus ein halbes Dutzend Besuche schaffen. Auf dem Lande sind mehr briefliche und telefonische Kontakte nötig.
3. Veranstalten Sie Wettbewerbe mit kleinen Preisen, um festzustellen, wer das meiste über seine oder ihre Kunden weiß. Wer unterschreibt Schecks oder Überweisungen? Geht das Geschäft des Kunden aufwärts oder abwärts? Bekommen sie immer Angebote, und wie viele? Erhält das billigste Angebot immer den Zuschlag? So stellen Sie sicher, daß Ihre Verkäufer Fragen stellen und nicht bloß reden.

Kapitel 48

Mehr Ethik, mehr Gewinn

Wir hatten immer noch keinen einzigen Telefonanschluß, als der Gouverneur von Baja kam und das Band zur Eröffnung der neuen Fabrik von AFI de Mexico (Kapitel 15) in Tijuana durchschnitt. Die Telefongesellschaft ließ uns wissen, sie könne das Problem erst in dreißig Monaten lösen. Wir sagten das dem Gouverneur, der übrigens auf Vorschlag unseres staatlichen Vertragspartners zur Zeremonie des Banddurchschneidens kam. Wir hatten gar nicht daran gedacht, ein Banddurchschneiden zu veranstalten, bis der es erwähnte.

Wir sorgten uns mehr darum, daß wir keine Telefonleitung zur Koordinierung unserer Lkw-Transporte auf der US-Seite bekommen konnten. Wir hatten gerade dieses effiziente 20 000 Quadratmeter große Gebäude für die in den vergangenen zwei Jahren angeheuerten fünfhundert Arbeitskräfte gebaut. Diese Fabrik war produktionsbereit, wir mußten aber früher als in dreißig Monaten zur Kommunikation mit der Außenwelt fähig sein.

Wir teilten den Bürokraten, von denen der Vorschlag für die Zeremonie stammte, unser Problem mit. Als sie es hörten, meinten sie, wir sollten wirklich den Gouverneur treffen. Er wisse, wie man Dinge getan bekommt.

So hatten wir denn eine Banddurchschneidungszeremonie, komplett mit Mariachis, mexikanischen Maiskuchen und Obst. Nach der kurzen Zeremonie standen alle auf der Schotterstraße an der Vorderseite und schauten auf das Gebäude, während Kinder mit einer Blechdose Fußball spielten und Hunde zu den Aktivitäten bellten. Der Gouverneur versicherte uns, er würde sich der Dinge annehmen, als er winkte und in seinem verchromten Lieferwagen mit überdimensionierten Reifen dröhnend davonbrauste.

An derselben Stelle nahm mich zwei Tage später unser Vertragspartner zur Seite. »Das Büro des Gouverneurs hat heute angerufen und mir den Namen einer Unternehmensberatung genannt. Sie sagten, Sie wüßten, was Sie damit machen würden.«

Ich rief die Firma an. Ein Mitarbeiter kam mit einem vorbereiteten Angebot vorbei, das uns einen Telefonanschluß innerhalb von sechs Wochen für bloße 10000 Dollar garantierte. Er lächelte und sagte, seine Firma habe Erfahrungen bei der Überwindung bürokratischer Schwierigkeiten. »Wir nehmen die Hälfte jetzt und die andere Hälfte, wenn die Telefone angeschlossen sind«, sagte er.

Er streckte eine Broschüre aus. Ich nahm sie und schlug auf sein Drängen die Seite mit den Namen der Aufsichtsratsmitglieder auf. Ich erkannte fünf Namen. Vier waren leitende Angestellte der Telefongesellschaft, der fünfte war der banddurchschneidende Gouverneur.

Es war klar. *So* wurden die Dinge gemacht.

Die Richtlinien sparten Zeit und Energie, da Gelegenheiten für kreative Zahlungen reichlich vorhanden waren.

Etwas anderes war aber auch klar. Ich arbeitete für die Firma Montron, die ein Jahr zuvor von Quaker Oats erworben und mit der Fisher-Price-Sektion dieses Unternehmens kombiniert worden war. Bevor ich den mexikanischen Betrieb übernahm, verlangte Quaker Oats von mir die Unterzeichnung einer Erklärung über ungehörige Handlungen. Die Erklärung bestimmte auch, daß meine Unterschrift jährlich zu erneuern war. In der Erklärung stand:

»Ich werde keine Zahlungen leisten, die fragwürdig sind, oder von denen ich Grund zu der Annahme habe, daß sie fragwürdig sind, entweder nach den Normen des Landes, in dem ich bin, oder nach den akzeptierten Normen in den USA. In Zweifelsfällen werde ich es nicht tun, selbst wenn es das Geschäft schwieriger oder weniger profitabel macht. In Grauzonen werde ich versuchen mir vorzustellen, wie die Transaktion aussehen würde, wenn sie auf der ersten Seite der Lokalzeitung meiner Heimatstadt beschrieben würde, wo meine Nachbarn, meine ehemaligen Lehrer und meine Eltern davon lesen würden.«

Die Richtlinien sparten Zeit und Energie, da Gelegenheiten für kreative Zahlungen hart an der Grenze reichlich vorhanden waren. Die strikten Regeln machten das Leben tatsächlich leichter – wir brauchten nicht darüber nachzudenken. Erzwungene Ethik.

Ich erklärte dem Abgesandten, daß ich zur Zahlung von 10 000 Dollar an eine solche Unternehmensberatung nicht ermächtigt sei. Er lächelte und sagte: »Seien Sie so.«

Und so waren wir. Stolz, ethisch und telefonlos. Das war eine sehr mißliche Lage für eine neue Fabrik. Wir waren aber nicht gekommen, um den Betrieb durch mißliche Lagen zu gefährden.

Wir fanden eine Funkamateurin, Maria Concepcion Gonzales. Sie lebte in einer Holzhütte mit zwei Papp- und einem Glasfenster, etwa hundert Meter von dem Stacheldrahtzaun entfernt, der die USA und Mexiko trennt. Wir heuerten sie an, als sie Mais in einem Waschkessel vor der Hütte kochte. Wir bezahlten ihr 75 Dollar monatlich dafür, daß sie zwei- bis dreimal täglich Nachrichten an einen Funkamateur auf der anderen Seite der Grenze funkte, der dann für fünf Dollar pro Nachricht unsere Transportabteilung in San Diego anrief. Es war umständlich, langsam und verwirrend, aber legal und billiger als 10 000 Dollar.

Glücklicherweise sind Gewinne und Ethik oft vereinbar. Noch besser ist, daß sie es manchmal nicht sind. Wenn es immer leicht wäre, hätte Ethik keinerlei Bedeutung. Die Grundlage Ihres Geschäfts muß moralisch einwandfrei sein, sonst werden Sie nicht lange überdauern.

Wie Sie die ethische Basis für Ihre Mitarbeiter herstellen

1. Setzen Sie in klarer, detaillierter und unmißverständlicher Sprache Grenzen für Bewirtung und Einladung Ihrer Kunden. Dies ist besonders wichtig im Umgang mit Regierungen. Führen Sie genau auf, welche Art von Spenden erlaubt sind und welche nicht.
2. Lassen Sie Ihre Einkäufer rotieren und erlauben Sie ihnen keine Annahme von Geschenken oder Einladungen zu Essen, Segeltouren oder Unterhaltungsstätten. Lassen Sie Einkäufer nie Lieferanten »letzte Einblicke« vor der Entgegennahme von Angeboten gewähren, sonst erhalten Sie garantiert ein bedeutungsloses erstes Angebot.
3. Bezahlen Sie Ihre Rechnungen pünktlich. Nehmen Sie nicht Skonto für prompte Bezahlung auch für spätere Bezahlung in Anspruch, außer wenn Sie von vornherein klarstellen, daß dies zum Geschäft gehört. Wenn Ihr Controller nichts besseres zu tun hat, als einen Tag Zinsen zu schinden, indem er einen auf eine weit entfernt gelegene Bank ausgestellten Scheck schickt, teilen Sie Lieferanten vor deren Angebotsunterbreitung mit, von wo der Scheck kommt und aus welcher Zeitzone. Auf diese Weise Pfennige zu stehlen kostet Dollars guten Geistes.

Kapitel 49
Auf hoher Welle zum Traum

»Jede Telefongesellschaft für Ferngespräche ist veraltet«, erklärte mein enger Freund Ed Tuck. Er trug einen kragenlosen blauen Wollpullover und kaute kräftig Spiegeleier mit Speck und – beliebt im Süden der USA – Maisgriesbrei mit Käse überbacken. Ed beißt immer mehr ab als irgendein anderer es kann. Dieses Mal ging es darum, die internationalen Telefongesellschaften zu schlagen. Die Telefongesellschaften der Welt! Zwischen den Frühstücksbissen im Hotel Holiday Inn Montgomery Field in San Diego sprach er darüber im vernünftigsten Tonfall. Tuck ist ein verrückter realistischer Träumer, also hörte ich zu.

»Es kostet jede Telefongesellschaft der Welt fast 2000 Dollar, einen einzigen neuen Anschluß herzustellen«, sagte er einleitend zu seinem Vorhaben, ein Multimilliardendollarunternehmen zustande zu bringen. Weltweit gab es 1995 mindestens 140 Millionen Menschen, die einen Telefonanschluß wollten und sich leisten, aber nicht bekommen konnten. Das ist der Markt.

Es war empörend. Tuck erklärte, daß die Anschließkosten der Telefongesellschaften von Jahr zu Jahr gestiegen sind und daß es für die Unternehmen keinen Weg gibt, sogar noch höhere Kosten zu vermeiden. »Es ist unvermeidlich«, sagte er.

Das war der Moment. Schon bevor er sein Konzept eines dichten geodätischen Musters von niedrig fliegenden Mikrosatelliten erklärte, konnte ich den Zauber spüren. Die Aura. Die Möglichkeiten waren überwältigend.

Er ging zum Technischen über, und es war nicht langweilig oder verwirrend, wie es technische Ausführungen oft für Außenseiter sind. Was er sagte, war fesselnd. Sein Traum war »ein Netz für Ferngespräche, das die Welt abdeckt, vor allem abgelegene Gebiete, und die Fernsprechteilnehmer zu einem Bruchteil der normalen Kosten verbindet«.

Seine Worte waren wie von einem wild blickenden Schizophrenen an einer Straßenecke, der großartige Visionen verkündet. Aber Tuck war kein Wahnsinniger, er hatte sich mit Innovationen einen Ruf geschaffen. Was er sagte, hatte Hand und Fuß.

Ich hatte Tuck 1986 getroffen, als er mir seine Vision eines in der Hand haltbaren Navigationsgeräts beschrieb. Die Idee war, etwas wie einen übergroßen Taschenrechner zu schaffen, der Informationen von Satelliten erhält und dem Benutzer überall in der Welt auf wenige Meter genau angibt, wo er sich befindet. Es funktionierte und wurde im Golfkrieg ein unentbehrliches militärisches Werkzeug. Und Bootshändler kauften die Geräte dutzendweise.

Als Tuck beim Frühstück erstmals erklärte, wie er es mit den Telefongesellschaften der Welt aufnehmen wollte, empfand ich den Ernst im Klang seiner Stimme. Es war die gleiche Empfindung, die ich hatte, als aus Dean Peterson bei Honeywell die Gedanken über die Möglichkeiten automatischer Scharfeinstellung herausbrachen (Kapitel 6). Drei verblüffende Ähnlichkeiten: gestandene Leute, sorgfältig durchdachte Konzepte und unerhörte Geschäftsmöglichkeiten. Wenn sich die Planeten so aufreihen, ist Aufmerksamkeit angebracht. Ich bot meine Hilfe an. Tuck begrüßte meine Bemühungen.

Beim Träumen kommt es darauf an, große reale Möglichkeiten zu erkennen und dafür die schwersten Geschütze aufzufahren.

Nachdem Tuck seine Idee erklärt hatte, machten wir uns gemeinsam daran, dafür zu sorgen, daß etwas geschah. Zuerst brauchten wir Geld. Ed entwarf eine simple Präsentation zur Erklärung des

Konzepts der neuen Telefongesellschaft. Wir stellten eine Liste der 100 wahrscheinlichsten vorstellbaren Investoren auf und verschickten an sie eine Beschreibung des Projekts auf einer Seite. Wir erbaten eine Million Dollar zur Erstellung der Durchführbarkeitsstudie, die ein Jahr erfordern würde. Dann riefen wir jeden potentiellen Investor an. Es war Fischerei, aber mit einer Vision.

Etwa 20 potentielle Investoren willigten ein, sich mit uns zusammenzusetzen und eine Stunde zuzuhören. Unsere Strategie war einfach: Sagten alle 20 »keinesfalls«, würden wir wahrscheinlich aufgeben und unser Leben ohne den großen Traum weiter führen. Wenn wir aber ein oder zwei dazu bringen könnten, darüber wenigstens einen Moment nachzudenken, würden wir es bei allen 100 versuchen. Vorsichtiges Anbeißen von diesem oder jenem würde weitere Präsentationen rechtfertigen. Vor jeder Präsentation würden wir sie umschreiben und proben, um sie stetig zu verbessern.

In der ersten Woche wurden wir jedoch verblüfft. Drei potentielle Investoren waren die ersten, die ja sagten. Ja! Sie wollten uns Geld geben.

Teledesic wurde im Mai 1990 geboren, finanziert je zur Hälfte von Craig McCaw und dem Treuhandfonds der Familie G. D. Searle. Das andere Geld mußten wir ablehnen. Das ist ein Verfahren, für das ich noch keine Erfahrung hatte. Ein Dutzend kundige Unternehmensberatungen wurde ausgekundschaftet und dann beauftragt, Satelliten zu entwerfen, Marktstudien durchzuführen, Antennen, Raketen, Schaltungen und Konstellationen zu entwerfen sowie Patenteinreichungen vorzubereiten und die relevante Gesetzgebung zu durchforsten. Sie erhielten weniger Honorar als gewöhnlich, aber zusätzlich Aktien von Teledesic, und diese könnten sich eines Tages erheblich auszahlen. Ihre Vorleistungen sind enorm.

Teledesic ist noch acht Milliarden Dollar davon entfernt, Realität zu werden. Ich würde aber nicht gegen Teledesic wetten. Motorola und Lockheed versuchen ein System zu entwickeln, das sie »Iridium« nennen. Dazu gehören 66 niedrig fliegende Satelliten. Voraussichtliche Investitionen: drei Milliarden Dollar. Die

Gesprächskosten pro Minute wurden auf drei Dollar veranschlagt, die weltweite Kapazität beläuft sich auf eine dürftige halbe Million Teilnehmer. Als »Iridium« angekündigt wurde, rief ein nervöser Angestellter eines unserer Investoren an und fragte: »Sollen wir unsere Verluste beschränken und weglaufen?«

Keineswegs. Teledesic wird 840 Mikrosatelliten aufsteigen lassen, die mit einem computerisierten Schaltsystem ein Netz schaffen werden, in dem zwanzig Millionen Anrufe gleichzeitig geschaltet werden können, und dies zu Kosten von fünfzig Cents pro Minute. Diese Systeme bedienen verschiedene Märkte. Iridium ist für Jet-setter, Teledesic bringt neue Dienste zu den Massen der Welt.

Teledesic besitzt starke Patente. Teledesic rechnet sich, und die Ankündigung von Motorola und Lockheed macht uns noch glaubwürdiger. Wir erhielten 1991 mehrere Millionen Dollar zur Beschleunigung der Forschung, und 1992 noch mehr. Das Konzept wurde hinsichtlich Wärmeableitung, Antennenkapazität, Übertragung durch Regen und Satellitenoszillation revidiert.

Jedes Mal, wenn wir etwas Neues lernten, gaben wir es wieder in unsere Berechnungen ein, und sie sehen weiterhin gut aus. Eine der größten Telefongesellschaften der Welt sah sich die Berechnungen und Konzepte an und kam nachdenklich zu dem Schluß: »Sie können uns verrückt nennen, aber das könnte schon funktionieren.« Es ist noch zu früh für ein so konservatives Unternehmen wie dieses, um sich bindend festzulegen, doch das will es tun, wenn wir noch einige hohe Hürden überwinden. Andernfalls gibt es ja noch immer seine Konkurrenten.

Eines der größten Luft- und Raumfahrtunternehmen prüfte sorgfältig die Satellitenkonzepte und teilte uns mit: »Wir können das.« Es arbeitete einige Kostenvoranschläge aus und kam auf weniger als wir in unseren Budgetzahlen. Ein gutes Zeichen.

Dann kündigten Loral und Qualcomm ein anderes System an, »Globalstar«. Billiger als Iridium, sieht Globalstar gut aus und hat wie Iridium finanziellen Rückhalt. Zeit, nervös zu werden? Nein.

Es gibt einen riesigen Markt da draußen, der überhaupt noch nicht bedient ist, und Teledesic würde diese abgeschiedenen Massen besser bedienen als die heutigen Fernsprechteilnehmer. Teledesic kann damit Arbeitsplätze und neue versteuerbare Einkommen schaffen und Leben retten.

McCaw, wohl kaum ein Tölpel, wurde immer enthusiastischer, je mehr er sah. Schließlich investierte der andere junge Milliardär von Seattle, Bill Gates, mit ihm in Teledesic. Am 10. Oktober 1994 veröffentlichte die Zeitschrift *Forbes* eine zehnseitige detaillierte Zusammenfassung aller Bemühungen. Die Schlußfolgerung?: »Der heutige Champion, Spaceway, reift. Globalstar macht einen Versuch. Iridium ist zu teuer. Teledesic ist der große Gewinner für das nächste Jahrzehnt.«

Und es gibt Raum für mehrere Systeme. Wird Teledesic also ein Gewinner? Es ist noch zu früh, um das zu wissen. Doch die Gewinnchancen steigen. Noch 1989 hätten kluge Wetter tausend zu eins dagegen gewettet, 1991, drei Millionen Dollar später, sah es mehr nach hundert zu eins dagegen aus, im Januar 1993 wie zehn zu eins. Heute sieht es fast respektabel aus.

Teledesic ist ein Telekommunikationsunternehmen mit Wachstumspotential in dünn besiedelten Gegenden, in denen Telefonleitungen nicht praktikabel sind. Weltweit gab es 1989 etwa 40 Millionen Menschen in solchen Gebieten, die Anzahlungen geleistet hatten und zwei Jahre auf Anschlüsse zu warten hatten, 1993 waren es schon 60 Millionen. Andere haben die Hoffnung aufgegeben.

Die Zeit wird es zeigen. Teledesic wird die Welt vielleicht ein wenig verändern, 30000 Arbeitsplätze schaffen, täglich ein Dutzend Leben retten und gut für die US-Zahlungsbilanz sein. Oder das Unternehmen stirbt still seinen eigenen traurigen Tod. Jedenfalls werden wir es einmal wissen.

Beim Träumen kommt es darauf an, große reale Möglichkeiten zu erkennen und dafür die schwersten Geschütze aufzufahren. Es ist therapeutisch. Der Versuch ist schon Erfolg. Nichts hinterläßt ein hohleres Gefühl, als zu überlegen, was hätte sein können.

Wie Sie Ihre Gruppe durch den großen Traum führen

1. Halten Sie nichts zurück, wenn ein großes neues Geschäft vernünftig erscheint. Halbherzige Bemühungen bringen die besten Ideen um. Gehen Sie bei den Ausgaben in die vollen, wenn der Markt groß erscheint, wohl wissend, daß manches nutzlos bleibt. Schneller ans Ziel zu kommen ist diese Irrtümer wert.
2. Versuchen Sie keinen Alleinbesitz oder alleinige Kontrolle. Holen Sie schnell soviel schlaues Geld wie möglich herein. Solos erobern nie große Märkte.
3. Halten Sie Ihre Sinne offen, während Sie das Geschäft straff am Zügel führen. Wenn die gewisse innere Stimme Sie zum Risiko drängt, hören Sie darauf.

Register

A

Acucobol, 169-171
AFI de Mexico, 79-82
Alarmanlagen, 15-18
Alkohol und Drogen, 121-124
Anwaltsrechnungen, 141-144
Arbeitnehmerproduktivität, 63-66, 75-78, 81-82
Arbeitsverträge, 96
Aufrichtigkeit, 172-174
Ausbildung, 75-78
Ausnahmeservice, 53
Ausrichtung, verschwommene, 23
Ausrüstungsbeschaffung, 54-57

B

Banken, Banker umwerben, 145-148
Barrieren zwischen Mitarbeitern, 117-121
Belästigungen, sexuelle, 79, 123
Bendix, 122-123
Berichte, 189-191
Berkshire Hathaway, 172-173
Bonuszahlungen, 39-40, 53, 83-86
Buchhaltung, 56, 71
Budgets, 27
Buffett, Warren, 90, 172-173

C

Cash-flow, 19, 169-171
Checks To-Go, 83-89, 113-115, 149-151, 157-159
Chrysler, 45-48
Computerberichte, 108-112
Coppenrath, Robert, 197

D

Deckungsbeiträge, 30
Denken, ausgefallenes, 165-168
Discount-Läden, 35-39
Diskriminieren, umgekehrt, 79-82
Drogen und Alkohol, 124-127

E

Ehrlichkeit, 172-174
Einkaufen, billig, 54-57
Einstellungsinterviews, 71-74
Einstellungsrichtlinien, 95
Entlassungsrichtlinien, 92-96
Ethik und Gewinne, 211-214
Ethnische Gruppen, 82

F

Firmenflugzeuge, 90, 97-100, 207-209

Firmenübernahmen, 57
Fisher-Price, 75-77, 79-81, 124-126, 161-163, 184-187, 211-213
Fixkosten, 30
Ford, 47
Forschung, 41-44
Franklin Press, 67-69, 71
Führung, 45-49

G

Gates, Bill, 90, 219
Gehälter kürzen, 39
Geld aufteilen, 19
Geld bluten, 17-18
Geld verlieren, 19
General Motors, 45-48
Gesetze vorsichtig brechen, 157-160
Gewinnstreben, 134-135
Glücksspielerei, 128-131
Graphic Arts Center, 71-74
Gutachten, 136-140

H

Head, Howard, 31-33
Hewlett Packard, 102-104
Hierarchien, 103-104, 200-202
Home Depot, 20-24
Honeywell, 41-44, 92-95, 110, 136-139, 175-177, 179-182, 196-198

I

Incentives, 39-40, 53, 83-86
Innovation, 165-168
Intermark, 105-107
Interviews, 71-74
Intrigieren, 97-101
Investieren, simpel, 192-195
Investitionen, 26-27

K

Knight Protective Industries, 12, 15-18, 85, 141-144
Kompetenzen abgrenzen, 66, 97-101
Konferenzen, 113-116
Kosten, 34, 35-40, 54-57, 87-91, 184-188
Kostenkontrolle, 87-91
Kunden kennen, 50-53
Kundenbeirat, 33-34

L

Learjet, 97-100, 207-209
Leistungsstärken finden, 24
Lennox, 165-167

M

Management, 45-49, 63-66, 102-104, 189-191, 201-202
McDonnell Douglas, 58-61
Mengenrabatte, 35-40
Mitarbeitersuche, 67-70
Montron, 75-78, 132-134, 161-163, 184-187, 212
Monument Industries, 117-120

O

Oak Industries, 203-205

P

Pacific Design Center, 63-66
Pacific Metals, 153-155
Packard, David, 90, 102-104
Perot, Ross, 89
Personal, Personalabteilung, 63-66
Personalberater, 70, 71-72
Pläne, Planung, 115, 175-178

Precision Machine Company, 108-111
Preisabschläge, 30, 35-40, 53
Preiserhöhungen, 19, 58-62
Price Club, 35-39, 205
Privatjets, 97-100, 207-209
Produktentwicklung, 41-44
Produktivität, 66, 75-78, 80-82
Produktpalette, komplette, 28-30
Produktwert, bleibender, 184-186
Provisionstarif, 53
Pyramide abflachen, 200-202

Q

Qualität, 47, 184-188

R

Rabatte, 30, 35-40, 53
Rechtsanwälte, 141-144
Reden halten, 45-48
Religion, 132-135
Reorganisation des Managements, 200-202
Richtlinien, 63-66, 92-96, 131
Risiken eingehen, 106-107

S

Schlichtung, 96, 141-144
Schoepflin, Hans, 35-39
Schulden kontrollieren, 105-107
Seaward International, 54-56
Service, kompletter, 28-30
Sex im Büro, 122-123
Sexuelle Belästigungen, 79, 123
Slogan, 24, 42-43
Smiley Industries, 200-202
Software Express, 25-29
Spezialisierung, 25-30
State of the Art Software, 50-53
Sunrise Capital, 153

T

Teamarbeit, 77, 85-86, 101, 114, 201-202
Teledesic, 215-219
Termindepositen, 131, 194

U

Unternehmensberater, 136-140
Unternehmensphilosophie, 66
U.S. Press, 145-147

V

Verhandeln, 196-199
Verkäufliches produzieren, 31-34
Verkaufen, 19, 58-62, 207-210
Verluste stoppen, 15-19
Versicherungen, 123, 153-156
Vlasic, 189-190
Vorträge, 45-48

W

Walton, Sam, 89
Warnzeichen, 203-206
Wende im Geschäft, 161-164
Werbung, 179-183
Westcert = Western Certificate, 85, 87-89, 115
Winnebago Industries, 192-194
Wirtschaftsprüferwissen nutzen, 149-152

Z

Zahlungsziele, 131